KB202525

아이패드, 스마트폰, 컴퓨터 **어디서나**
SketchBook으로 시작하는

똥손 탈출
100일
100드로잉

똥손 탈출 100일 100 드로잉

1쇄 발행 2020년 3월 24일
3쇄 발행 2022년 3월 10일

지은이 정진호
펴낸이 장성두
펴낸곳 주식회사 제이펍

출판신고 2009년 11월 10일 제406-2009-000087호
주소 경기도 파주시 회동길 159 3층 / **전화** 070-8201-9010 / **팩스** 02-6280-0405
홈페이지 www.jpub.kr / **원고투고** submit@jpub.kr / **독자문의** help@jpub.kr / **교재문의** textbook@jpub.kr

편집부 김정준, 이민숙, 최병찬, 이주원, 송영화
소통기획부 송찬수, 이상복, 배인혜 / **소통지원부** 민지환, 김수연 / **총무부** 김유미

진행 및 교정·교열 송찬수 / **내지편집** 남은순 / **내지 및 표지디자인** 책돼지
용지 타라유통 / **인쇄** 한길프린테크 / **제본** 일진제책사

ISBN 979-11-90665-03-2 (13000)
값 18,000원

제이펍은 독자 여러분의 아이디어와 원고 투고를 기다리고 있습니다. 책으로 펴내고자 하는 아이디어나 원고가 있는
분께서는 책의 간단한 개요와 차례, 구성과 지(역)자 약력 등을 메일(submit@jpub.kr)로 보내주세요.

아이패드, 스마트폰, 컴퓨터 **어디서나**
SketchBook으로 시작하는

똥손 탈출
100일
100드로잉

정진호 지음

제이펍

─┤ **드리는 말씀** ├─

- 이 책에 기재된 내용을 기반으로 한 운용 결과에 대해 저자, 소프트웨어 개발자 및 제공자, 제이펍 출판사는 일체의 책임을 지지 않으므로 양해 바랍니다.

- 이 책에 등장하는 회사명, 제품명은 일반적으로 각 회사의 등록 상표(또는 상표)이며, 본문 중에는 ™, ©, ® 마크 등을 생략하고 있습니다.

- 이 책은 아이패드와 오토데스크 스케치북을 중심으로 설명하고 있으며, 스마트폰과 PC에서도 활용할 수 있도록 일부 병행해서 설명하였습니다.

- 이 책에서 설명하는 오토데스크 스케치북은 8.7.1 버전으로, 실행 과정은 독자의 디지털 기기나 프로그램 버전에 따라 일부 다를 수 있습니다.

- 책의 내용과 관련된 문의사항은 지은이 혹은 출판사로 연락해 주시기 바랍니다.
  - 지은이: jvisualschool@gmail.com
  - 출판사: help@jpup.kr

[차례]

1장 디지털 드로잉을 시작하며!　013

2장 오토데스크 스케치북 시작하기　025

4장 디지털 비주얼씽킹 시작하기   257

저는 미대가 아닌 공대를 졸업했습니다. 그러나 꾸준한 노력을 통해 즐겁게 그림을 그리는 방법을 스스로 깨닫게 되었습니다. 제 경험을 떠올려 보면 특별한 미술적 재능을 갖지 않은 보통의 사람이 즐겁게 그림을 그리는 방법은 다음과 같습니다.

쉽게

크고, 복잡하고, 어려운 그림일수록 성취감은 높지만, 작업을 계속 유지하기는 힘들어집니다. 그러니 자신의 실력보다 약간 쉬운 작품에 도전하면서 완성하는 기쁨을 느껴 보세요. 이 책의 작품들은 대부분 30분에서 1시간 이내로 완성할 수 있는, 가능하면 쉽게 그릴 수 있는 일상 속의 주제로 선정했습니다.

매일

무언가를 배울 때 중요한 것은 매일 도전해 본다는 것입니다. 처음에는 어렵게 느껴지는 일도 습관이 되면 어느 순간 자신도 모르게 그것이 조금씩 익숙해질 것입니다. 잘 그리는 것보다 더욱 중요한 것은 매일 그리는 것입니다. 이 책을 통해 100일 동안 매일 그리기에 도전해 보세요.

성취감

작품 하나를 완성했을 때 느끼는 그 기쁨, '또 하나 해냈어!' 바로 성취감입니다. 쉬운 그림을 매일 그리면 우리는 매일 성취감을 느낄 수 있습니다. MBC 김민식 PD님은 강연에서 "행복은 강도가 아니라 빈도다."라고 이야기했습니다. 우리는 그리기를 통해 매일 성취감을 느끼고, 매일 행복할 수 있습니다.

디지털 기기의 장점

지금은 21세기입니다. 정말 훌륭한 디지털 기기와 무료로 사용할 수 있는 프로그램이 있는데 굳이 오래된 방법으로 그림을 배우고 그릴 필요가 없습니다. 만일 우리의 목표가 미술대학에 진학하는 것이 아니라면, 디지털 도구를 활용해 쉽고 재미있게 멋진 작품을 만들어 낼 수 있습니다.

좌절 금지

태어날 때부터 그림을 잘 그리는 사람들이 있습니다. 네! 재능을 가진 사람들이죠. 그러나 재능을 가진 사람만이 그림을 잘 그리는 것은 아닙니다. 그림을 그리고 싶은 마음이 있다면 적어도 그려 볼 수는 있습니다. 사람에 따라 실력이 향상되는 속도가 다를 뿐입니다. 따라서 재능이 있는 사람과 자신을 비교하지 말고 과거의 자신과 비교해 보세요. 절대 좌절할 필요는 없습니다.

흉내 내기와 따라 하기

사람이 새로운 것을 배우는 가장 쉬운 방법은 바로 흉내 내기와 따라 하기입니다. 우리가 맨 처음 말을 배울 때, 밥을 먹기 위해 처음 숟가락을 사용할 때처럼 처음 하는 모든 것은 흉내 내기와 따라 하기를 통해 빠르게 익숙해질 수 있습니다. 이 책을 보는 우리는 훌륭한 작품을 흉내 내고, 따라 하는 것을 부끄러워할 필요가 없습니다. 걱정하지 마세요! 진짜를 따라 하면 우리는 어느 날 진짜가 될 것입니다.

2020년 3월 일산에서
정진호

✏ 누구를 위한 책인가?

디지털 드로잉의 세계로 오신 똥손 여러분! 환영합니다. 이 책은 다음과 같은 분을
위해 집필하였습니다.

그림을 그리고 싶지만, 스스로 못 그린다고 생각하는 사람

어릴 적에는 누구나 그림 그리는 것을 좋아했습니다. 그런데 커가면서 특별한 사람
만이 그림을 잘 그릴 수 있다는 생각을 가지게 되죠. 그렇지 않습니다. 물론 특별
한 재능을 가진 사람과 비교하면 당연히 경쟁하기 어렵습니다. 하지만, 적당한 도구
와 방법으로 조금씩 꾸준하게 연습한다면 적어도 과거의 자신보다는 잘 그릴 수 있
게 됩니다. 스스로 그림을 못 그리는 사람이라고 생각할 필요는 없습니다. 기술의
발달로 인해 수많은 도구가 있고 다양한 방법을 검색할 수 있으니, 여러분도 충분히
멋진 작품을 완성할 수 있습니다.

디지털 도구로 게임과 동영상 시청만 하는 사람

어느 가정이나 적어도 1대 이상의 디지털 도구(PC, 태블릿, 스마트폰 등)를 가지고
있습니다. 그러나 많은 경우 이런 고가의 도구로 게임을 하거나 동영상을 보는 등
콘텐츠를 소비하는 용도로만 사용합니다. 이제 여러분이 가진 도구를 생산 도구로
활용해 보세요.

내 손으로 뭔가 의미 있는 것을 창작하고 싶은 사람

매일 새로운 무엇인가를 만들어 낼 수 있다면 분명 의미 있는 삶이 될 것입니다. 나
의 작품이 엄청나게 대단하지 않아도 그저 내 손으로 만들었다는 사실 하나만으로
도 우리는 잔잔한 기쁨을 느낄 수 있죠. 게다가 이 작업을 가족, 친구, 애인, 동료
등 주변 사람들과 함께 할 수 있다면 더욱더 즐거울 것입니다. 이제 내 손으로 의미
있는 무엇인가를 창작하는 재미를 느껴 보세요.

내가 그린 작품 활용하기

여러분이 이 책을 완독할 때쯤이면 최소한 100개의 완성 작품이 있을 겁니다. 이런 멋진 작품을 그냥 두면 서운하겠죠? 여러분의 작품으로 일상에서 사용할 수 있는 멋진 제품을 만들 수 있는 온라인 사이트를 소개합니다. 직접 그려 눈으로만 보던 작품에서 실제 사용할 수 있는 다양한 제품으로 변하는 즐거운 경험을 할 수 있습니다.

오프린트미 ohprint.me

완성한 작품으로 명함, 스티커, 카드 등을 인쇄할 수 있는 곳으로 온라인 주문 기능이 매우 편리하고, 제품의 품질도 만족할 수준입니다. 특히 스티커의 종류와 품질이 훌륭합니다. 단, 상대적으로 가격이 조금 비쌉니다.

▲ 오프린트미 웹사이트

▲ 오프린트미에서 제작한 스티커

마플 marpple.com

의류, 액세서리 등 다양한 굿즈 제품을 주문 제작할 수 있습니다. 특히 에코백의 품질이 좋습니다.

▲ 마플 웹사이트

▲ 마플에서 의류 제작하기

케이스바이미 caseby.me

나의 작품으로 나만의 스마트폰 케이스를 만들 수 있습니다. 전용 앱을 이용하면 모바일에서도 쉽게 주문할 수 있어 편리합니다.

▲ 케이스바이미 웹사이트

▲ 26일 차 우산 작품으로 주문한 스마트폰 케이스

1장
디지털 드로잉을
시작하며!

이 책을 선택한 여러분이라면 지금 당장 자신의 디지털 기기를 켜고, 프로그램을 실행한 후 드로잉을 시작하고 싶은 마음이 들겠지만, 잠깐만요!

디지털 드로잉 초보자 여러분이 알면 도움이 되는 몇 가지 이야기를 먼저 해보겠습니다. 분명 큰 도움이 될 겁니다.

초보자를 위한 그리기 3단계

그림 실력을 키우고 싶을 때 우리는 적당한 방법으로 연습을 합니다. 다양한 연습 방법 중에 가장 좋은 방법은 보고 그리는 것입니다. 보고 그리는 연습을 계속하면 우리 손으로 그려 낸 이미지가 머릿속에 남고 이 연습이 계속되면 어느 순간, 눈으로 보고 그리는 것이 아니라 머릿속의 이미지를 꺼내서 그릴 수 있게 됩니다. 훌륭한 작가들이 대상을 보지 않고도 슥삭슥삭 잘 그리는 이유는 많은 시간 훈련을 통해 다양한 이미지가 이미 머릿속에 들어 있기 때문입니다. 우리는 이제 시작 단계입니다. 그러니 서두르지 말고, 보고 그리는 연습을 통해 실력을 키워 나가는 것이 좋습니다.

✏️ 1단계: 그림 보고 그리기

이 단계는 다른 사람이 그린 그림을 보고 그리는 단계입니다. 사물을 단순하게 표현해 놓은 그림을 보고 그리는 것은 실물을 보고 그리는 것보다 쉽습니다. 이 책을 보시는 여러분은 이 책의 그림을 보고 그리는 1단계부터 시작하게 될 것입니다.

▲ 그림 보고 그리기

✏️ 2단계: 사진 보고 그리기

충분한 연습으로 여러분의 손이 원하는 대로 움직일 수 있게 되면, 직접 찍은 사진이나 인터넷 검색에서 찾은 사진을 보고 그리면 좋습니다. 이때 가장 중요한 것은 눈에 보이는 모든 것을 표현하는 것이 아니라, 덜 중요한 것은 생략하고, 의미 있는 부분은 나만의 스타일로 표현해 보는 것입니다. 기억하세요. 모든 것을 다 표현할 필요는 없습니다.

▲ 사진 보고 그리기

📍 3단계: 실물 보고 그리기

실물 보고 그리기가 어려운 이유는 그 대상이 3차원이기 때문입니다. 우리가 2개의 눈을 가진 이유는 세상을 3차원으로 보기 위함입니다. 그러나 우리가 그림을 그리는 도구는 2차원인 평면입니다. 3차원의 사물을 2차원의 평면으로 옮기는 작업은 연습과 노력이 필요합니다. 이 책을 통해 그림 그리기가 익숙해진 후에는 주변의 사물과 장소를 직접 보고 그려 보시기 바랍니다. 참고로 3차원의 사물을 2차원의 평면에 옮기기 위한 규칙은 소실점, 구도, 원근감 등이 있습니다.

▲ 실물 보고 그리기

# 디지털 드로잉의 장단점

종이, 펜, 색연필, 물감 등을 사용하는 전통적인 회화와 달리 디지털 도구를 사용하면 여러 가지 장점이 있습니다. 물론 단점도 있지요. 디지털 드로잉의 장단점을 살펴보겠습니다.

디지털 드로잉의 장점

- **비용:** 크게 맘먹고 새로운 장비를 사는 것이 아니라, 이미 일상이 되어 버린 스마트폰을 활용하면 되므로 큰 비용이 들지 않습니다. 전문가들이 사용하는 전용지, 물감, 붓 등은 생각보다 고가입니다. 그러나 디지털 드로잉은 수천 장의 그림을 그려도 추가적인 비용은 들지 않습니다. 물론 스마트폰 충전에 필요한 약간의 전기료는 부담해야겠네요.

- **장소:** 어디서나 그림을 그릴 수 있습니다. 집에서, 카페에서, 여행 중에! 이책에 등장하는 대부분의 그림은 다양한 장소에서 틈틈이 그렸습니다. 그림은 화실에서만 그리는 것이 아닙니다. 그리고 싶은 대상이 보이거나, 그리고 싶은 마음이 든다면 언제든지 자신의 디지털 도구를 꺼내서 그리기를 시작해 보세요.

▲ 카페에서 그리기

- **쉽고 빠르게:** 쉽게 할 수 있는 작업을 굳이 어렵게 할 필요는 없습니다. 디지털 드로잉의 장점은 매우 쉽고, 빠른 작업을 도와 준다는 것입니다. 수채화를 그린다고 가정해 보면 수채화용 붓, 물감 등 다양한 도구와 물감이 마르는 시간 등을 고려해야 합니다. 그렇게 10분 이상 걸릴 작업도 디지털 드로잉에서는 1초 만에 수채화를 그릴 수도 있습니다.

디지털 드로잉의 단점

동전에 양면이 있는 것처럼, 디지털 드로잉이 장점만을 가진 것은 아닙니다. 디지털 드로잉 역시 몇 가지 단점을 가지고 있습니다.

- **아날로그 감성 부족:** 고급스러운 수채화 전용지에 전문가용 물감을 사용해 완성한 아름다운 작품과 비교하면 디지털 드로잉 작품은 너무나 딱딱하게 느껴질 수 있습니다. 물론 디지털 드로잉만의 매력도 있지만, 대부분 전통적인 방법으로 만들어진 기존의 작품과 비교해 보면 감성이 부족하고 메마르게 느껴지는 것이 사실입니다.

- **가벼움:** 디지털 드로잉은 쉽게 그리고, 쉽게 지울 수 있어서 종종 너무 가벼운 취급을 받습니다. 아무리 큰 작품이라도 하나의 파일로만 존재하고, Delete 키 하나로 사라지는 가벼움이 바로 그것이죠. 이런 디지털 드로잉의 가치를 좀 더 높이는 가장 좋은 방법은 바로 출력입니다. 액정 화면의 빛으로만 표현된 작품보다 종이, 천, 플라스틱 등 다양한 재료에 여러분의 작품을 출력해서 멋진 제품으로 만들어 보세요. 제작 방법은 이 책의 011쪽에서 설명하였습니다.

- **식상함:** 비슷한 장비와 비슷한 프로그램을 이용하면 사용자에 따라 차이는 있겠지만, 대부분 비슷한 느낌일 겁니다. 더욱이 이 책을 보고 그린 작품이라면 누가 그리더라도 대부분 비슷한 느낌이겠죠? 그러나 걱정할 필요는 없습니다. 서두르지 않고 조금씩 연습한다면 분명 다른 사람과는 다른 자신만의 스타일이 디지털 드로잉에서도 나타날 것입니다.

어떤 도구를 사용할까?

디지털 드로잉을 위한 대표적인 도구는 드로잉에 사용할 디지털 기기와 프로그램입니다. 특히 기기는 상대적으로 많은 비용이 발생할 수 있으므로 선택할 때 장단점을 잘 따져 봐야 합니다.

🖊 디지털 기기 선택

디지털 드로잉을 시작한다면 기존에 가지고 있는 것으로 가볍게 시작하면 됩니다. 만약 새로운 기기를 구입하려고 한다면 다음 3가지를 마음에 담아 두세요. 도움이 될 것입니다.

화면은 클수록 좋아요

1인용의 작은 테이블에서 작업하는 것과 8인용의 큰 테이블에서 작업하는 것을 상상해 보세요. 디지털 드로잉도 마찬가지입니다. 드로잉 작업을 위해 새로운 기기를 구매한다면 화면이 클수록 좋습니다. 다만 너무 큰 화면의 기기는 가격이 비싸고, 휴대성이 떨어진다는 단점이 있습니다. 반대로 스마트폰과 같은 작은 화면의 기기는 휴대성은 좋지만 작업이 불편합니다. 그러니 적절한 타협점을 찾는 것이 좋습니다.

입력과 출력이 동시에 이루어지는 기기가 좋아요

PC에서 마우스를 이용하는 것과 달리, 드로잉에서는 내가 움직이는 펜의 끝을 직접 눈으로 확인하는 것이 매우 중요합니다. 저가형 펜 태블릿을 사용한다면 펜 끝이 아닌 별도의 모니터 화면을 보면서 작업해야 합니다. 따라서 눈은 화면을 보고, 손은 태블릿 위에서 움직이게 되죠. 초보자에게 이 방법은 꽤나 불편하고 효율이 떨어집니다. 액정이 포함된 태블릿은 화면 위에서 직접 보고 그릴 수 있지만 가격이 고가입니다. 그러므로 펜의 움직임을 눈으로 직접 확인할 수 있는 아이패드와 같은 기기를 추천합니다.

▲ 그리는 손과 화면을 바라보는 눈의 위치

단축키를 쓰면 좋아요

드로잉 작업을 하다 보면 반복적으로 사용하는 기능이 있습니다. 대부분의 프로그램은 이 기능을 빠르게 사용할 수 있도록 단축키 지정 기능을 제공합니다. 단, 이런 단축키는 컴퓨터와 같이 물리적 키보드가 있을 때 유용합니다.

이상의 3가지를 고려해 볼 때 작업이 편한 순서와 각 장점과 단점을 정리하면 다음과 같습니다.

작업 환경	장점	단점	참고
PC + 액정 태블릿	• 상대적으로 큰 화면 • 펜을 보면서 그릴 수 있음 • 단축키를 사용 가능	• 비싼 가격 • 휴대 불편	• 전문가들이 주로 사용
태블릿 PC	• 펜을 보면서 그릴 수 있음 • 휴대 간편	• 단축키 사용 불가 • 제한적인 화면 크기	• 초보자에게 추천
PC + 펜 태블릿	• 단축키 사용 가능 • 저렴한 가격	• 휴대 불편 • 펜을 보면서 그릴 수 없음	
스마트폰 + 스타일러스	• 펜을 보면서 그릴 수 있음 • 휴대 간편	• 화면이 작음	• 가장 쉽게 시작할 수 있음

다양한 디지털 기기 중에서 초보자에게는 태블릿 PC 또는 스마트폰 & 스타일러스 펜을 이용하는 방법을 추천합니다. 물론 다른 방법도 약간의 불편함을 감수한다면 충분히 멋진 드로잉을 시작할 수 있으니, 우선은 이미 갖추고 있어 쉽게 시작할 수 있는 도구를 사용해 보세요.

오토데스크 스케치북

이 책의 모든 그림은 오토데스크 스케치북(Autodesk SketchBook)이라는 프로그램을 이용해 그렸습니다. 다양한 프로그램을 사용해 보았지만 다음과 같은 이유로 초보자에게는 오토데스크 스케치북이 가장 적당하다고 생각합니다.

▲ 오토데스크 스케치북 홈페이지(https://www.sketchbook.com/)

무료

2018년 봄, 오토데스크사는 기존에 유료로 판매하던 스케치북 프로그램을 무료로 공개 전환했습니다. 무료로 바뀐 후에 지원이 끊기지 않을까 걱정했지만 여전히 안정적인 지원을 계속하고 있습니다. 이제 사용 기기에 따라 홈페이지 또는 앱스토어에서 설치만 하면 바로 사용할 수 있습니다.

다양한 기기 지원

오토데스크 스케치북은 거의 모든 기기를 지원하므로 컴퓨터는 기본이고, 모바일(태블릿 PC, 스마트폰)에서 모두 사용할 수 있습니다. 지원하는 기기에 따라 운영 체제 역시 Windows, macOS, iOS, 안드로이드 모두 사용할 수 있습니다. 물론 사용하는 기기에 따라 기능과 사용자 인터페이스는 약간씩 다를 수 있습니다.

▲ 다양한 기기 지원

책에서 기준으로 사용하는 기기와 다르다고 해서 걱정할 필요는 없습니다. 아래와 같이 여러 종류의 기기에서 실행된 모습을 보면 큰 차이가 없음을 알 수 있습니다.

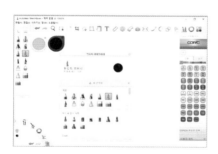

▲ Windows 10에서 실행

▲ macOS에서 실행

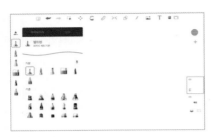

▲ 안드로이드 태블릿에서 실행

▲ 아이패드에서 실행

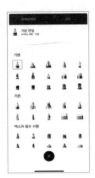

◀ 아이폰에서 실행

쉬운 사용 방법

복잡하고 어려운 기능은 생략하고, 초보자에게 꼭 필요한 기능 위주로 메뉴가 구성되어 있어 누구나 쉽게 익힐 수 있습니다. 무료로 제공되는 140개 이상의 브러시도 유용합니다.

단점

물론 장점만 있는 것은 아닙니다. 전문적인 드로잉 프로그램과 비교하면 기능이 상대적으로 단순합니다. 또한 포토샵과 일러스트레이터 등의 Adobe 제품을 사용해 본 사람들에게는 다소 낯설게 느껴지는 사용자 인터페이스를 가지고 있습니다. 물론 기존의 사용해 본 프로그램이 없다면 큰 문제가 되지 않습니다.

2장
오토데스크
스케치북 시작하기

너무나 멋진 디지털 드로잉 프로그램인 오토데스크 스케치북을 이용해 멋진 작품을 그리기에 앞서, 몇 가지 기초를 공부해 보겠습니다. 이 책의 실습은 아이패드를 이용하지만, 처음 이야기했듯 어떤 기기를 사용해도 무방합니다. 시작하는 여러분을 위해 여기서는 화면의 차이를 극복할 수 있도록 PC(Windows, macOS) 버전과 모바일(스마트폰, 태블릿) 버전을 함께 설명하겠습니다. 참고로 모바일 버전은 아이패드를 기준으로 하며, 스마트폰에서는 일부 차이가 있을 수 있습니다.

브러시 선택과 설정

오토데스크 스케치북을 이용해 드로잉을 시작할 때 필수로 사용할 브러시 종류와 편리한 작업을 위한 브러시 설정부터 시작합니다.

브러시 선택

종이에 글씨를 쓸 때 연필이나 볼펜을 사용하는 것처럼 디지털 드로잉을 할 때는 브러시를 사용합니다. 오토데스크 스케치북은 무려 140종류의 브러시가 기본으로 설치되어 있습니다. 그러나 초보자에게 너무 많은 브러시는 오히려 선택 장애로 인한 혼란을 초래할 수 있습니다. 우리의 실력이 아직 충분한 수준이 아니라면 꼭 필요한 몇 가지 도구만을 반복해서 사용하는 것이 훨씬 효과적일 수 있습니다.

오른쪽 그림처럼 붉은 화살표 위치를 눌러 브러시 라이브러리를 열고, 주로 사용할 브러시를 추가/삭제할 수 있습니다. 왼쪽에 항상 보이는 브러시 팔레트에 초깃값으로 표시되는 세트가 [기본] 세트입니다. 따라서 [기본] 세트에서 삭제하려면 원하는 브러시를 1초간 꾹 누르고 이동할 수 있는 상태로 바뀌면 적당한 다른 세트로 옮기면 됩니다. 반대로 다른 세트에서 자주 사용하는 브러시라면 [기본] 세트로 옮겨서 추가하면 됩니다. 이렇게 해서 당분간은 다음과 같이 5가지 브러시만 사용해 드로잉 연습을 진행하겠습니다. [ ]는 초기 상태의 브러시 세트 이름을 의미합니다. 그러니 다음 5개의 브러시가 [기본] 세트에 배치되도록 위치를 조정해 보세요.

- **[일반]** 펠트펜
- **[기본]** 페인트 브러시
- **[기본]** 펠트펜
- **[Copic]** 중간 넓은 펜촉
- **[기본]** 각진 지우개

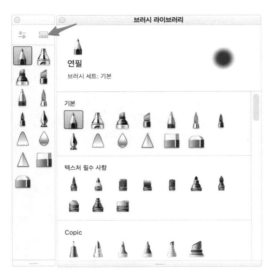 

▲ PC 기본 브러시 라이브러리   ▲ 조정 후 PC 브러시 5종 선택

▲ 모바일 기본 브러시 라이브러리　　　　▲ 조정 후 모바일 브러시 5종 선택

> **TIP 브러시 설정 초기화하기**
>
> 브러시 설정을 다시 처음 상태로 되돌리고 싶으면 다음 메뉴를 이용하면 됩니다.
>
> • **macOS:** SketchBook – 기본 설정 – 공장 기본값 – 브러시 팔레트 및 라이브러리 재설정
>
> • **Windows:** 편집 – 기본 설정 – 공장 기본값 – 브러시 팔레트 및 라이브러리 재설정
>
> • **모바일:** 상단 도구막대 왼쪽 첫 번째 메뉴 아이콘▦ – 기본 설정 – 공장 기본값 – 모든 브러시 재설정

⚐ 브러시 설정

오토데스크 스케치북에서 제공하는 각 브러시는 다음과 같이 매우 다양한 속성을 제공합니다. 각 속성이 어떤 특징을 의미하는지 궁금증을 해결하려면 여러분이 직접 설정 값을 변경해 가면서 그려 보시길 추천합니다. 일단 지금은 매우 다양한 속성을 가지고 있다는 것만 확인하고 넘어가도 충분합니다.

▲ PC 브러시 특성

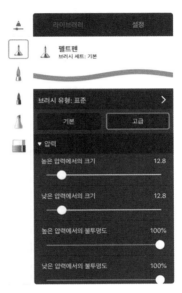

▲ 모바일 브러시 설정

⚐ 브러시 퍽과 색상 퍽 활용하기

오토데스크 스케치북은 브러시의 세부 속성을 변경할 수 있는 독특한 도구를 제공합니다. 아이스하키 경기에서 사용하는 납작하고 동그란 고무 공과 같은 명칭인 퍽(Puck)이 바로 그것입니다. PC에서는 브러시 퍽과 색상 퍽이 분리되어 있고, 모바일에서는 위아래로 나란히 배치되어 있습니다.

브러시 퍽을 상하로 드래그하면 불투명도를 조절할 수 있고, 좌우로 드래그하면
브러시 크기를 변경할 수 있습니다. 같은 방법으로 색상 퍽을 상하로 드래그하면
광도(밝기)를 변경할 수 있고, 좌우로 드래그하면 색상의 선명한 정도를 의미하는
채도를 변경할 수 있습니다.

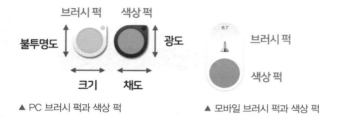

▲ PC 브러시 퍽과 색상 퍽   ▲ 모바일 브러시 퍽과 색상 퍽

모바일 버전이라면 퍽 이외에도 브러시 팔레트 오른쪽에 불투명도와 크기를 조정
할 수 있는 2개의 슬라이드를 추가로 제공합니다.

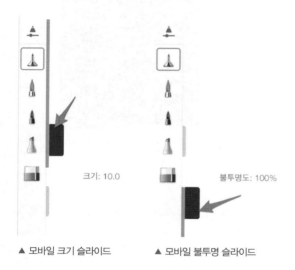

▲ 모바일 크기 슬라이드   ▲ 모바일 불투명 슬라이드

직접 퍽이나 슬라이드를 움직여 브러시의 크기와 불투명도가 바뀌는지 확인해 보
세요.

🖌 빠른 변환 도구 활용

모바일 버전에서는 화면에서 두 손가락을 이용해 확대/축소할 수 있습니다. 하지만 PC 버전에서는 손가락을 이용한 확대/축소 기능을 사용할 수 없습니다. 그래서 PC 버전에서는 다음과 같은 빠른 변환 도구를 이용해서 선택한 영역의 비율을 변경하거나 이동, 회전, 확대/축소할 수 있습니다.

선택 영역을 지정해서 복사(Ctrl + V)한 후 붙여넣기(Ctrl + V)를 실행해 보세요. 다음과 같은 빠른 변환 도구를 확인할 수 있습니다.

색상 활용하기

오토데스크 스케치북은 색상 선택도 사용자의 편의를 고려하여 다양한 방법을 제공합니다. 한 번씩 실습해 보고 그중에 가장 편한 방법을 사용하면 됩니다.

PC 버전에서 색상 선택하기

색상 퍽 이용하기

색상 퍽을 누르면 곧바로 퍽에 색상을 선택할 수 있는 메뉴가 표시됩니다. 원하는 색을 직접 선택하거나 스포이트 아이콘을 이용해 캔버스에 있는 다른 색상 부분을 클릭하면 그 색상으로 변경됩니다.

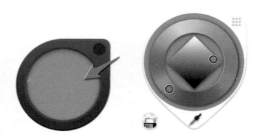

▲ 색상 퍽으로 색상 선택하기

TIP 펜을 누른 후 스포이드 아이콘을 클릭하지 않아도 키보드에서 Alt 키를 누르면 곧바로 스포이드가 나타나 매우 쉽게 원하는 색상을 선택할 수 있습니다. 기억해 두면 매우 유용한 단축키입니다.

색상 편집기 이용하기

PC 버전의 스케치북 상단에는 도구막대가 기본으로 표시되며, 도구막대 오른쪽 끝에서 두 번째 있는 아이콘이 색상 편집기입니다. 색상 편집기 아이콘을 선택하면 다음과 같이 색상을 조정할 수 있는 편집기가 표시됩니다. 원하는 색상을 선택한 후에 아래쪽으로 드래그하면 사용자 색상에 추가하여 더욱 빠르게 사용할 수도 있습니다.

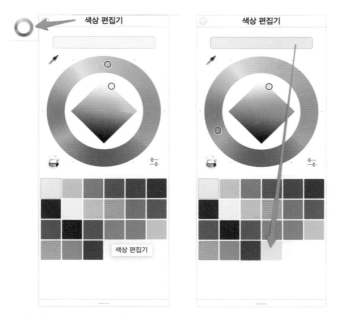

▲ 색상 편집기에서 사용자 색상 등록

TIP 도구막대가 보이지 않으면 상단 메뉴에서 [창 – 도구막대]를 선택해서 표시할 수 있으며, [창 – 색상 편집기]를 선택하면 곧바로 색상 편집기를 표시할 수 있습니다.

Copic 라이브러리 활용하기

오토데스크 스케치북은 세계적인 문구 회사 COPIC과 제휴를 통해 실제 판매 중인 마카와 동일한 색상의 라이브러리를 제공합니다. 색상 편집기를 열고 원하는 색상을 직접 고르기가 쉽지 않다면 Copic 라이브러리에서 제공하는 색상을 활용해 보는 것을 강력하게 추천합니다. 조화롭고 다양한 색상이 있어 초보자도 전문가처럼 멋진 색상을 선택해서 드로잉할 수 있습니다.

Copic 라이브러리 역시 상단 도구막대에서 가장 오른쪽에 있는 Copic 라이브러리 아이콘을 클릭하거나 상단 메뉴에서 [창 – Copic 라이브러리]를 선택해서 열 수 있습니다.

▲ Copic 라이브러리

📍 모바일 버전에서 색상 선택하기

스마트폰이나 태블릿 PC와 같은 모바일 버전에서도 비슷한 방식으로 색상을 선택할 수 있습니다.

색상 퍽 이용하기

색상 퍽의 중앙을 누르면 색상 선택 편집기가 나옵니다. 원하는 색상을 직접 선택할 수 있고, 스포이드 아이콘을 선택한 후 이미지에서 특정 부분의 색상을 추출할 수 있습니다. 원하는 색상을 선택한 후에는 상단의 직사각형 색상 막대를 드래그해서 아래쪽의 사용자 색상에 추가해서 사용할 수도 있습니다.

▲ 모바일 색상 퍽 이용하기

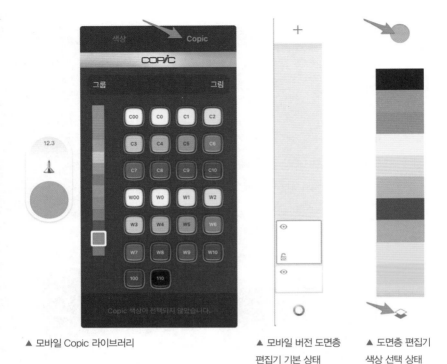

▲ 모바일 Copic 라이브러리   ▲ 모바일 버전 도면층   ▲ 도면층 편집기
편집기 기본 상태   색상 선택 상태

Copic 라이브러리

초보자도 전문가처럼 색상을 선택할 수 있는 Copic 라이브러리는 PC 버전에서
불러오는 방법과 살짝 다릅니다. 먼저 색상 퍽을 누른 후 색상 편집기가 열리고
여기서 오른쪽 위에 있는 [Copic]을 누르면 Copic 라이브러리로 바뀝니다.

도면층 편집기

캔버스 우측에 자리 잡고 있는 도면층 편집기에서도 색상을 선택할 수 있습니다.
아래쪽에 있는 무지개 모양의 원형을 누르면 색상을 선택하는 화면으로 바뀌고
상단의 동그란 색상을 누르면 색상 선택 편집기가 나옵니다. 다시 도면층 아이콘
을 누르면 도면층 편집기로 되돌아 갑니다.

TIP **모바일에서 손가락으로 스포이드 기능 이용하기**

스포이드 기능은 화면에서 색상을 선택하는 도구로 매우 편리합니다. PC 버전에서는 Alt 키를 눌러 색상 편집기를 열지 않고도 스포이드 기능을 사용할 수 있었습니다. 모바일 버전에서는 어떻게 해야 할까요? 더 간단합니다. 화면에서 선택할 색상을 1초 정도 누르고 있으면 바로 선택됩니다. 만약 이 방법이 실행되지 않는다면 상단 도구막대 첫 번째 아이콘인 메뉴 아이콘▥을 누르고 [기본 설정]을 눌러서 기본 설정 화면을 열고 [탭한 후 계속 눌러 색 선택기 이용]이 활성화되어 있는지 확인하세요.

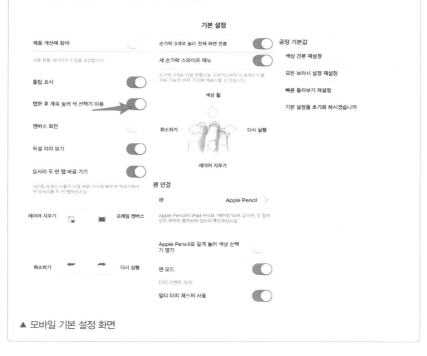

▲ 모바일 기본 설정 화면

도면층 완전 정복

도면층(레이어)은 복잡한 대상을 그릴 때, 드로잉을 도와 주는 편리한 기능입니다. 도면층을 가장 쉽게 이해하려면 투명한 비닐이 여러 개 겹쳐 있는 것을 생각하면 됩니다. 아래 그림과 같이 배경, 채색, 펜 선 도면층이 모여 하나의 그림이 완성됩니다. 각 도면층은 잠그거나, 보이지 않게 숨길 수 있고, 위치를 바꿀 수도 있습니다. 포토샵을 사용해 본 분들은 레이어라는 명칭이 더욱 익숙할 것입니다. 도면층을 사용하지 않아도 원하는 그림을 그릴 수 있지만, 일단 도면층을 사용해 보면 그 편리함을 바로 알 수 있습니다.

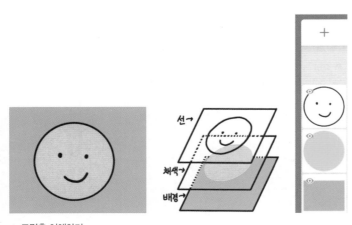

▲ 도면층 이해하기

도면층 사용 시 장점

도면층을 분리해 놓으면 수정 작업을 매우 효과적으로 할 수 있습니다. 예를 들어 펜 선 밑그림은 그대로 두고, 일부 영역의 색상만 다르게 바꾸고 싶다면 색상이 있는 도면층만 수정해서 쉽게 바꿀 수 있습니다. 물론 처음부터 도면층을 분리해서 작업을 해야겠죠?

도면층 사용 시 단점

도면층을 사용하면 파일이 크기가 커지고 작업 중에 도면층 사용 계획을 신경 써야 합니다. 도면층의 갯수가 많아지면 드로잉 작업 중에 종종 엉뚱한 도면층에 작업을 하고 있는 자신을 발견하고 후회하는 경우도 있습니다. 따라서 도면층을 이용해 작업할 때는 항상 자신이 현재 어느 도면층에서 작업을 하고 있는지 정신을 바짝 차리는 것이 좋습니다.

도면층 사용이 처음이라면 조금 어렵게 느껴질 수도 있습니다. 하지만 사용하지 않는 것보다는 처음부터 1~2개의 도면층을 만들어서 사용해 보는 것을 추천합니다.

🖊 PC에서 도면층 사용하기

PC 버전은 상단 도구막대에서 다음과 같은 도면층 아이콘을 누르거나 상단 메뉴막대에서 [창 – 도면층 편집기]를 선택해서 도면층 편집기 창을 열 수 있습니다.

▲ 도구막대에 있는 도면층 아이콘

도면층 편집기 창에 여러 개의 도면층이 있다면 그중에 현재 선택 중인 도면층에 점으로 된 원이 표시됩니다. 또한 이 원 주변을 클릭한 채 드래그하면 도면층에서 사용할 수 있는 다양한 기능이 아이콘으로 표시됩니다.

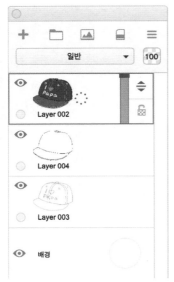 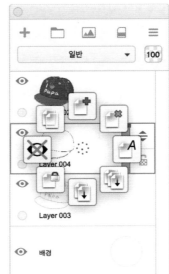

▲ PC 버전의 도면층 편집기와 기능 아이콘

- 도면층 추가: 현재 도면층 위로 새로운 도면층을 추가로 만듭니다.
- 도면층 삭제: 현재 도면층을 지워 버립니다.
- 도면층 이름 바꾸기: 현재 도면층의 이름을 변경할 수 있습니다.
- 모두 병합: 배경을 제외한 모든 도면층을 하나로 합쳐 줍니다.
- 아래와 병합: 현재 도면층과 바로 아래에 있는 도면층을 하나로 합쳐 줍니다.
- 도면층 잠그기: 선택된 도면층을 잠가 수정할 수 없게 합니다.
- 숨기기: 현재 도면층이 결과 화면에 표시되지 않게 합니다.

- 🔲 **도면층 복제**: 선택한 도면층을 그대로 복제해서 위쪽에 추가합니다.
- 🖼 **이미지 추가**: 현재 도면층에 이미지 파일을 불러올 수 있습니다. 다른 작품을 따라 그릴 때 매우 유용합니다.

위와 같이 도면층에서 클릭한 채 드래그해야 표시되는 기능 이외에도 다음과 같이 기본으로 표시되어 있는 기능도 있습니다.

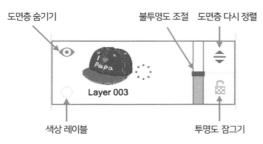

▲ 도면층 기본 기능

- **도면층 숨기기**: 도면층을 보이지 않게 합니다.
- **불투명도**: 현재 도면층의 전체적인 투명도를 조절할 수 있습니다.
- **도면층 다시 정렬**: 클릭한 채 드래그하면 현재 도면층의 순서를 변경할 수 있습니다.
- **투명도 잠그기**: 자물쇠를 클릭하면 도면층의 수정이 불가능합니다.
- **색상 레이블**: 도면층마다 다른 색상으로 표시를 붙일 수 있습니다.

🖍 모바일 버전에서 도면층 사용하기

모바일 버전에서는 도면층과 레이어라는 명칭을 혼용하고 있습니다. 화면 오른쪽에 기본으로 도면층 편집기 창이 열려 있으며, 특정 도면층을 선택한 후 한 번 더 누르면 레이어 메뉴가 표시됩니다.

▲ 레이어 메뉴와 도면층 편집기

- **레이어 추가:** 레이어를 눌러 선택한 후 도면층 편집기 상단에 있는 [+]를 누르면 현재 레이어 위에 새로운 레이어가 만들어집니다.

- **레이어 삭제:** 레이어를 길게 누르고 있으면 상단의 [+]가 휴지통 모양으로 바뀝니다. 해당 레이어를 휴지통 위로 옮겨서 떨어뜨리면 삭제됩니다.

▲ 모바일에서 레이어 삭제하기

- **복사, 잘라내기, 붙여넣기:** 레이어 메뉴, 정확히 말하면 레이어 편집용 메뉴입니다. 현재 레이어에 있는 내용을 복사하거나 잘라낸 후 다른 레이어에 붙여넣을 수 있습니다. 상단 도구막대에 있는 선택 기능을 이용하면 해당 레이어에서 일부 영역만 선택해서 복사하거나 잘라낸 후 붙여넣을 수도 있습니다.

-  **중복:** 레이어를 복사해서 같은 내용의 레이어를 하나 더 만듭니다. PC 버전에서 도면층 복제와 같은 기능입니다.

- **지우기:** 레이어는 유지한 채 포함된 내용만 삭제합니다. 선택 영역이 지정되어 있으면 선택 영역만 삭제합니다.

- **병합:** 아래쪽의 레이어와 하나로 합칩니다.

- **삭제:** 현재 레이어를 삭제합니다.

- **도면층 잠그기:** 편집을 할 수 없게 현재 레이어를 잠급니다.

- **HSL 조정:** 레이어의 Hue(색조), Saturation(채도), Luminaance(광도)를 변경할 수 있습니다.

- **색상 균형:** 그림자, 중간톤, 강조 표시(밝은 부분)의 색상을 조정할 수 있습니다.

- **불투명도:** 해당 레이어를 흐릿하게 표현할 수 있습니다. 0이면 전혀 보이지 않고, 100이면 완전히 보입니다.

- **도면층 숨기기, 잠그기:** 도면층 편집기에서 각 레이어 왼쪽 위아래에는 각각 도면층 숨기기와 도면층 잠그기 아이콘이 있어 빠르게 해당 레이어를 숨기거나 편집할 수 없게 잠글 수 있습니다.

TIP **갑자기 드로잉이 되지 않는다면?**

도면층을 이용해 작업 중에 갑자기 드로잉이 되지 않는다면 다음을 확인해 보기 바랍니다.

- **숨김:** 도면층이 보이지 않게 숨겨져 있는 것은 아닌지?
- **잠금:** 도면층이 잠겨 있으면 그릴 수 없습니다.
- **선택:** 캔버스의 일부를 선택한 상태라면 선택 영역 이외의 부분에서는 그리기가 되지 않습니다.

채색 쉽게 하기

디지털 드로잉의 가장 큰 장점은 바로 채색이 매우 쉽다는 것입니다. 특히 오토데스크 스케치북은 초보자도 쉽게 채색을 할 수 있는 다양한 방법을 제공합니다. 채색은 상단 도구막대에 있는 페인트 통 모양의 채우기 아이콘을 이용하면 됩니다. 채우기 아이콘을 누른 후 다음과 같은 하위 메뉴를 선택한 후 원하는 영역을 누르면 채우기가 실행됩니다. 앞으로 가장 많이 사용하게 되는 기능 중 하나이므로 꼼꼼하게 확인하고 넘어가세요.

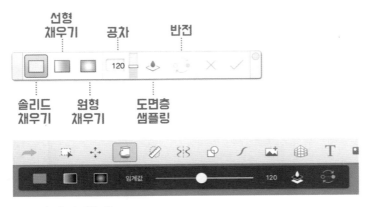

▲ 채우기 기능의 하위 메뉴

채우기 스타일 파악하기

기본적으로 채색을 쉽게 하려면 그릴 때 닫혀 있는 영역이 되도록 그려야 합니다. 스케치북은 이렇게 닫혀 있는 영역을 하나의 영역으로 인식하여 해당 부분만 지정한 색으로 채워 줍니다.

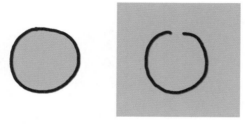

▲ 닫힌 도형과 열린 도형

다음 3가지 방법으로 닫혀 있는 영역을 채울 수 있습니다.

- **솔리드 채우기**: 채우기 기능의 첫 번째 옵션으로 닫혀 있는 부분을 단색으로 채울 때 선택합니다.

▲ 솔리드 채우기

- **선형 채우기**: 2가지 이상의 색상을 이용해 부드럽게 변화하는 그라데이션을 만들 수 있습니다. 클릭한 채 드래그해서 선형 채우기 범위를 지정하고 각 조절점을 선택해서 색상을 변경할 수 있습니다.

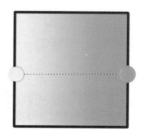

▲ 선형 채우기

- **원형 채우기**: 그라데이션을 원형으로 만들 수 있습니다. 사용 방법은 선형 채우기와 동일합니다.

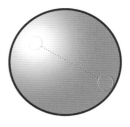

▲ 원형 채우기

- **반전**: 선형 또는 원형 채우기를 실행한 후 그라데이션을 이루고 있는 양쪽 끝의 색상을 서로 바꿔 줍니다.

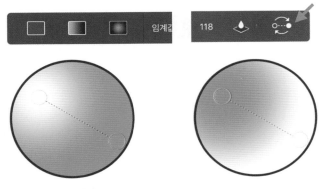

▲ 원형 채우기 후 반전

- **임계값(공차)**: 흰색 배경에 검은색 선을 그릴 때 부드럽게 표현하기 위해 배경과 선을 완전히 구분하지 않고 부분적으로 중간색을 사용합니다. 이 중간 부분을 완전히 채우고 싶다면 임계값을 높이면 됩니다. 다음 그림에서 보는 것처럼 임계값이 낮으면 중간 영역을 채울 수 없지만, 임계값을 높이면 완전히 채울 수 있습니다. 단, 임계값이 너무 높으면 원하지 않는 영역까지 채워질 수 있으니 적당한 값을 찾아야 합니다.

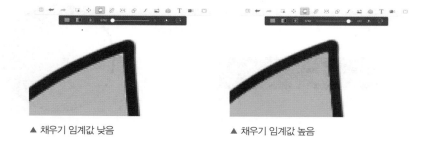

▲ 채우기 임계값 낮음   ▲ 채우기 임계값 높음

- **도면층 샘플링:** 선으로 된 밑그림 도면층과 채색 도면층을 분리해서 채색할
  수 있습니다. 도면층 샘플링을 선택하면 현재 도면층에 아무것도 없어도 다
  른 층에 있는 선을 이용해 채색할 수 있습니다. 도면층 샘플링을 활용하면
  아래에 있는 도면층의 밑그림을 기준으로 현재 도면층에서 채색을 하고, 이
  후 아래에 있는 도면층을 숨겨서 채색 영역으로만 이루어진 그림도 쉽게 완
  성할 수 있습니다.

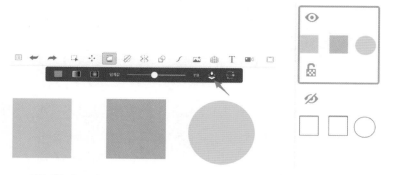

▲ 도면층 샘플링으로 완성한 채색 영역 그림

🖌 쉽고 빠른 채색을 위한 4가지 규칙 ────────

닫혀 있는 영역 만들기

채색의 기본은 닫혀 있는 영역을 만드는
것입니다. 이 책의 작품들은 대부분 펜 선
을 이용해 닫혀 있는 영역을 먼저 만들고,
채우기 기능을 사용했습니다. 즉, 펜 선을
그릴 때 닫혀 있게 그리면 이후 채우기 작
업이 매우 쉬워집니다.

▲ 닫혀 있게 그리기

펜 선 레이어 복사하기

채색을 하기에 앞서 펜으로 그린 밑그림을 남겨 놓고 싶을 때
사용하면 좋은 방법입니다. 펜 선으로 그린 레이어를 미리 복
사해 놓으면 나중에 여러 가지 방법으로 채색을 할 수 있습니
다. 펜 선 레이어 복사는 PC 버전에서는 도면층 복제 기능을,
모바일 버전에서는 중복 기능을 이용하면 됩니다.

▲ 여러 개를 복제해
놓은 펜 선 레이어

도면층 샘플링 기능으로 채색 레이어 활용하기

채색을 할 때는 펜 선 레이어에 바로 하는 것이 아니라 새로운 레이어를 만든 후
에 도면층 샘플링 기능을 이용하세요. 그런 다음 채색할 영역이 있는 펜 선 레이
어와 현재 채색할 레이어만 남기고, 다른 레이어는 모두 숨김 처리한 후 작업하는
것이 좋습니다. 펜 선과 채색 레이어를 분리할 수 있다는 장점은 있지만 초보자에
게는 다소 어렵게 느껴질 수 있으니 실력이 늘고 나서 활용해도 됩니다.

▲ 도면층 샘플링 기능으로 채색한 레이어

선택 영역 채우기

펜 선으로 만든 닫힌 영역이 아닌 캔버스에서 일부 영역을 선택한 후에 해당 영역
을 채울 수 있습니다. 펜 선을 따로 그리지 않고 원하는 부분을 정확하게 선택 영
역으로 지정해야 하기 때문에 초보자가 사용하기에는 다소 어려울 수 있습니다.
선택 영역 지정은 상단 도구막대에 있는 선택 아이콘🔛을 누른 후 하위 옵션을
이용합니다.

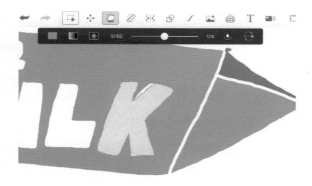

▲ 선택 영역 채우기

대칭 기능 활용하기

대칭 기능은 장갑이나 안경처럼 좌우 대칭이거나 바람개비처럼 방사형으로 대칭을 이루고 있는 형태를 그릴 때 매우 편리한 도구입니다. 대칭 Y(좌우 대칭), 대칭 X(상하 대칭), 방사 대칭(원형) 등의 하위 메뉴를 선택할 수 있습니다. 방사 대칭을 선택하면 섹터 수(단면)를 2개에서 16개까지 조절할 수 있습니다.

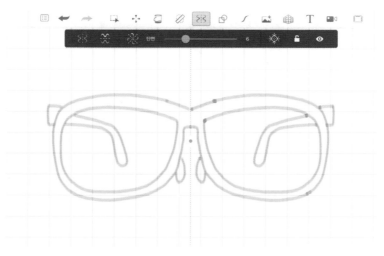

▲ 대칭 기능으로 안경 그리기

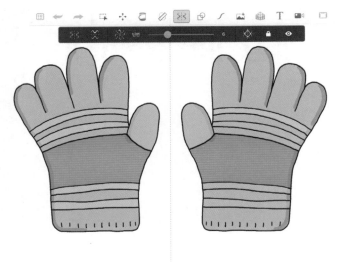

▲ 대칭 기능으로 장갑 그리기

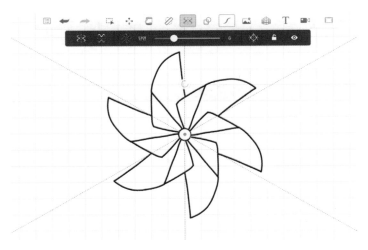

▲ 원형 대칭 기능으로 바람개비 그리기

🖊 대칭 기능의 하위 메뉴 살펴보기

PC 버전과 모바일 버전의 명칭은 조금 다르지만 사용 방법은 동일합니다. 기본적으로 대칭 방법을 선택하면 캔버스에 대칭 기준이 되는 축이 표시되며, 축을 기준으로 한쪽에 그림을 그리면 반대쪽에도 동일한 그림이 그려집니다. 축 중앙에 있는 조절점을 드래그하면 축의 위치도 변경할 수 있습니다. 우선 각 하위 메뉴의 기능을 살펴보고 직접 실습해 보세요.

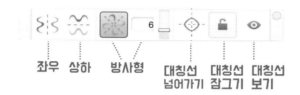

▲ 대칭 기능

- **대칭 Y(좌우)**: 세로축을 기준으로 좌우 대칭 그림을 그립니다.

- **대칭 X(상하)**: 가로축을 기준으로 상하 대칭 그림을 그립니다.

- **원형(방사형)**: 중심을 기준으로 방사형의 그림을 그립니다.

- **단면(섹터 수)**: 원형 대칭으로 그릴 때 몇 개로 분리할 지 결정합니다. 예를 들어 바람개비는 6개의 단면으로 그렸습니다.

- **중심선에서 스트로크 중지(대칭선 넘어가기)**: 선을 그릴 때 대칭 축을 넘어가지 않도록 설정합니다.

- **대칭 선 잠그기**: 대칭 선이 실수로 움직이지 않도록 고정합니다.

- **대칭 선 보기(표시)**: 캔버스에 대칭 선을 표시하거나 숨깁니다.

저속 촬영 녹화 기능

저속 촬영은 여러분이 그림을 그리는 과정을 그대로 녹화할 때 사용하는 기능입니다. 흔히 타임 랩스라고 표현하는 기능으로, 작업 과정을 동영상 파일로 녹화해 주는데, 메뉴와 도구는 보이지 않고 오직 캔버스와 캔버스에 그려지는 그림만 녹화됩니다. 동영상의 시간은 실제 작업 시간의 1/12 정도로 줄어듭니다. 작업이 이루어지는 순간만 녹화가 진행되므로 파일 용량도 생각보다 작습니다. 한 번쯤 자신의 작업 과정을 녹화해서 보시기 바랍니다. 이러한 저속 촬영 기능은 현재까지 모바일 버전에서만 제공됩니다.

▲ 모바일 버전 상단 도구막대에 있는 저속 촬영 아이콘

저속 촬영 아이콘을 눌러 녹화를 시작하면 다음과 같이 아이콘 색이 변하면서 빨간 불이 깜박입니다.

▲ 저속 촬영 녹화 중 아이콘 상태

저속 촬영을 종료하려면 아이콘을 다시 한 번 누르고, 다음과 같은 창이 열리면 **[계속]**을 눌러 저속 촬영을 계속하거나, **[버리기]**를 눌러 현재까지 녹화된 파일을 삭제할 수 있습니다. 촬영을 마치고 동영상 파일을 저장하려면 **[사진 라이브러리에 저장]**을 누르면 됩니다. 창 아래쪽을 보면 실제 작업 시간(세션 기간)과 녹화 영상의 재생 시간을 확인할 수 있는데, 6분 10초 동안 작업한 내용이 30초로 저장되는 것을 알 수 있습니다.

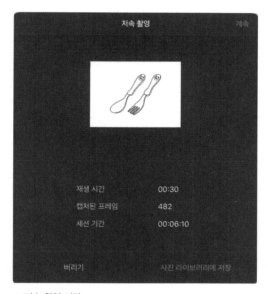

▲ 저속 촬영 저장

저속 촬영 기능으로 작업을 녹화해 놓으면 여러분의 작품이 어떤 과정을 통해 완성되는지 언제든 다시 확인할 수 있으며, 유튜브나 SNS 등에 동영상 콘텐츠로 활용할 수도 있습니다. 꼭 한 번 사용해 보시기 바랍니다.

새로운 그림은
새 캔버스에

마지막으로 새로운 작업을 시작하기 전에 여러분의 작품이 담길 새로운 캔버스를 만들고 저장하는 방법을 살펴보겠습니다.

🔺 새로운 캔버스 시작하기

PC 버전에서 시작하기

상단 메뉴에서 [파일 – 새로 만들기]를 선택하면 새로운 캔버스를 만들 수 있습니다. 단, PC 버전은 모바일 버전과 다르게 새로운 캔버스를 만들 때 크기를 묻지 않습니다. 그러므로 캔버스를 만든 후 상단 메뉴에서 [이미지 – 캔버스 크기]를 선택해서 조정하면 됩니다.

만약 처음 만들어지는 캔버스 크기를 변경하고 싶다면 상단 메뉴에서 [편집 – 기본 설정]을 선택한 후 [캔버스] 탭에서 [창 너비 및 높이 사용] 체크를 해제한 후 사용할 크기를 설정하면 됩니다.

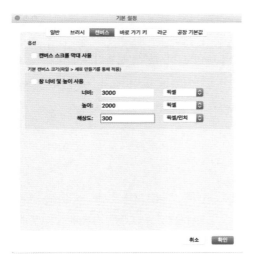

▲ PC 버전 기본 설정 창의 [캔버스] 탭

모바일 버전에서 시작하기

상단 도구막대에서 가장 왼쪽에 있는 메뉴 아이콘 ▦을 누르면 다음과 같이 스케치북 기본 메뉴 창이 열립니다. 여기서 [새 스케치]를 선택하면 이어서 바로 캔버스의 너비와 높이를 지정할 수 있습니다.

▲ 모바일에서 새 캔버스 시작 및 크기 설정

🖌 완성한 작품 저장하기

작품을 완성했다면 각 작품마다 별도의 파일로 저장해서 보관하는 것이 좋겠죠? 저장 방법은 어렵지 않습니다. 대부분의 프로그램과 유사하지요. 먼저 PC 버전이라면 상단 메뉴에서 **[파일 - 저장]**을 선택한 후 저장할 위치와 파일 형식 등을 지정한 후 **[저장]** 버튼을 누르면 됩니다.

▲ PC 버전 저장

TIP 저장할 파일 형식은 JPEG, PNG, BMP 보다는 TIFF, PSD 등을 선택하는 것이 좋습니다. 그래야 도면층(레이어)이 유지되어 이후 수정이 용이합니다.

모바일 버전이라면 새로운 캔버스를 시작할 때와 마찬가지로 상단 도구막대 왼쪽 끝에 있는 메뉴 아이콘을 누릅니다. 그런 다음 기본 메뉴 창이 열리면 **[갤러리]**를 선택하세요. 현재 작업 중인 캔버스의 작품을 저장할지, 혹은 버릴지 선택할 수 있습니다.

▲ 모바일 기본 메뉴

▲ 모바일 현재 스케치 저장

TIP 기본 메뉴에서 **[공유]**를 선택하면 다양한 방법으로 다른 사람에게 내 작품을 보낼 수 있습니다.

3장
도전,
100일 100 드로잉

디지털 드로잉의 장단점과 오토데스크 스케치북의 기본 사용 방법을 알았으니
이제 본격적인 그리기를 시작해 보겠습니다. 먼저 경험이 없는 사람이 최소한의
노력으로 멋진 그림을 그리기 위해 알고 있으면 좋은 몇 가지 조언부터 꼼꼼하
게 읽고, 100일 100 드로잉에 도전해 보세요.

000일 똥손을 위한 조언

✏ 선명한 선을 사용해요

대부분의 브러시는 부드러운 느낌을 주도록 만들어져 있습니다. 그러나 우리의
눈은 선명한 것을 좋아합니다. 흐리고 안개가 낀 날씨보다는 맑고 쨍쨍한 날씨를
좋아하는 것과 비슷하죠. 따라서 실력이 없다면 선명한 선을 사용하는 것이 우리
의 작품이 좀 더 멋지게 보일 수 있는 요령입니다.

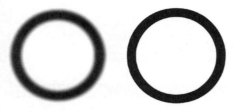

▲ 흐린 선과 선명한 선으로 표현한 원

선명한 선을 만들려면 원하는 브러시를 선택한 후 브러시 특성(설정) 창을 열고
[고급] 탭을 누르면 됩니다. 다양한 하위 옵션 중 펜촉 영역에 있는 펜촉 항목에서
모서리(경도)를 선명하게 설정하면 됩니다. 이 값은 100에 가까울수록 선명한 선
을 그릴 수 있습니다.

▲ PC에서 선명한 선 설정　　　　▲ 모바일에서 선명한 선 설정

필압은 잊어 버리세요

기술의 발달로 최근 기기들은 스타일러스(애플 펜슬 등)를 사용할 때 누르는 압력 (필압)을 무려 1,024 ~ 8,096단계로 감지할 수 있습니다. 그러나 아무리 기술이 발달해도 우리 같은 똥손에게 필압 조정은 쉽지 않습니다. 따라서 익숙해지기 전 까지는 압력 감지 기능은 사용하지 않고, 펜의 굵기를 일정하게 만들어서 사용하 겠습니다. 물론 실력이 늘고, 스케치북 사용이 익숙해지면 압력 감지 기능을 사용 하는 것도 좋습니다.

▲ 압력 감지 기능 사용 여부에 따른 차이

필압을 무시하고 사용하려면 모서리(경도) 설정과 마찬가지로 브러시 특성 창을 열고 [고급] 탭에서 압력 항목을 펼친 후 높은 압력에서의 크기와 낮은 압력에서의 크기를 같은 값으로 설정하면 됩니다.

▲ 필압 기능 설정

🖊️ 딱 맞게 맞춰서 그리세요

우리의 작품이 완성도 있게 보이고 채색도 쉽게 하고 싶다면, 모자라거나 넘치지 않게 딱 맞게 선을 그리는 것이 좋습니다. 선이 넘치면 삐져나온 부분 때문에 지저분하고, 완성도도 떨어지는 느낌입니다. 반면 선이 모자르면 채우기를 이용해 채색하는 것이 힘들어집니다. 서두르지 말고 천천히 딱 맞게 그리는 것이 똥손을 탈출하는 좋은 방법입니다.

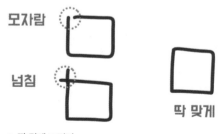

▲ 딱 맞게 그리기

🖍 천천히 크게 그리세요

유튜브 영상을 보면 전문가들은 항상 쓱쓱 그리는데도 그림이 뚝딱, 완성됩니다. 물론 많은 연습을 하면 우리도 비슷하게 될 수 있지만 그 전까지는 천천히 그리는 것이 좋습니다. 천천히 그리면 우리의 손을 우리가 원하는 대로 움직일 수 있고, 그만큼 정확한 그림이 그려집니다. 정확하게 그리는 것이 익숙해지면 어느 순간 손의 움직임도 빨라집니다. 그러므로 어느 정도 수준에 다다르기 전까지는 의식적으로 손을 천천히 움직이면서 정확하게 그리는 연습을 하는 것이 좋습니다. 또한 디지털 드로잉의 장점을 살려 화면은 150%에서 200% 정도 충분히 확대해 놓고 그리는 것이 좋습니다. 확대를 해서 천천히 작업하면 훨씬 깨끗하고 정교하게 작업할 수 있습니다.

▲ 화면 전체에 꽉 차도록 천천히 크게 그리기

자! 이제 모든 준비는 끝났습니다. 크게 호흡을 한 번 가다듬고 100일 100 드로잉을 시작해 보세요.

001일 숟가락과 포크

첫 번째 작품에 도전해 볼 시간입니다. 귀여운 강아지 캐릭터가 그려진 노란색 숟가락과 포크를 그려 보겠습니다. 플라스틱 손잡이와 금속이 만나는 부분, 포크의 끝부분의 형태를 꼼꼼히 관찰하고 입체감이 표현되도록 그려 보세요.

-̖완성 작품̗-

1 3000×2000 크기로 새로운 캔버스를 시작한 후 [Copic 중간 넓은 펜촉]으로 형태를 간략하게 스케치합니다.

🖊 **Copic 중간 넓은 펜촉**

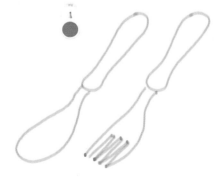

2 새로운 레이어를 추가한 후 [펠트펜
(표준)]으로 펜 선을 그립니다.

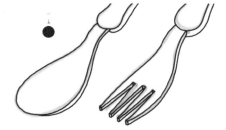

3 숟가락과 포크에 똑같이 있는 강아지 그림은 하나만 그린 후 올가미 도구로 선택한 후
복사하고 붙여넣으면 됩니다.

TIP

올가미 도구는 도구막대에서 선택 아이콘을 누른 후 선택할 수 있습니다. 올가미 도구를 선
택한 후에는 선택할 부분을 따라 드래그하면 됩니다. 이후 레이어 기능에서 복사, 붙여넣기
를 이용합니다. PC 버전이라면 선택 후 Ctrl+C, Ctrl+V를 이용합니다.

▲ PC 버전과 모바일 버전에서 선택 아이콘과 올가미 도구

4 형태를 스케치한 레이어를 숨기면 다음과 같은 밑그림을 확인할 수 있습니다.

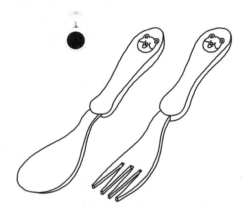

5 채색에 앞서 새로운 레이어를 추가합니다. 펜 선과 채색을 분리하려면 반드시 도면층 샘플링 기능을 사용해야 하겠죠? 도면층 샘플링을 누르고 채우기 기능을 이용하여 각 영역을 원하는 색으로 채웁니다. 채색까지 끝나면 배경을 제외하고 밑그림, 펜 선, 채색, 3장의 레이어를 포함하게 됩니다.

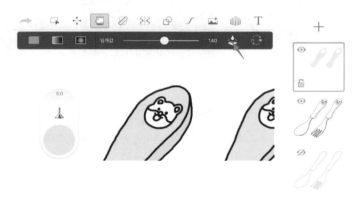

TIP 펜 선과 채색을 분리할 필요가 없다면, 이후 수정을 고려해서 펜 선 레이어를 복제한 후 복제한 레이어에 채색하는 것이 좋습니다.

6 숟가락과 포크의 금속 부분에 밝은 영역을 채색합니다. [페인트 브러시]를 이용해 금속 부분에서 밝은 영역만 드래그해서 채색하면 편리합니다.

7 마지막으로 그림자를 넣어 마무리합니다. 그림자는 [펠트펜(마커펜)]을 이용하면 편리합니다. 완성된 숟가락과 포크입니다.

002일

우유

귀여운 젖소가 그려진 우유팩을 그려 보겠습니다. 완성하고 나면 2일 차 치고는
만족감이 제법 높은 작품이 될 거예요.

-〈완성 작품〉-

1 3000×2000 크기로 새로운 캔버스를 시작
한 후 [Copic 중간 넓은 펜촉]으로 간단하게 밑그
림을 그립니다.

2 새로운 레이어를 추가하고 [펠트펜(표준)]으로
천천히 펜 선을 그립니다.

3 밑그림 레이어를 숨겨서 완성한 펜 선을 확인
합니다.

4 펜 선 레이어를 복제한 후 복제된 펜 선 레이어에 그대로 색을 채워 채색합니다. 이때
는 도면층 샘플링 기능을 사용하지 않아도 되겠죠?

5 [펠트펜(마커펜)]으로 어두운 부분을 채색합니다. 현재 색상보다 어두운 색은 색상 퍽을 아래로 드래그하면 간단히 선택할 수 있습니다.

6 계속해서 [펠트펜(마커펜)]으로 바닥에 우유팩 모양으로 그림자를 만들어 줍니다.

7 짜잔~ 완성된 우유팩입니다.

모자

오토데스크 스케치북으로 작업하는 디지털 드로잉에 조금씩 익숙해지고 있나요?
이번에는 귀여운 어린이용 모자를 그려 보겠습니다. 이번 과정은 좀 복잡할 수 있
으니 천천히 따라 해 보세요.

-⸌완성 작품⸍-

1 3000×2000 크기로 새로운 캔버스를
시작한 후 [Copic 중간 넓은 펜촉]으로 모
자의 형태를 간략하게 스케치합니다. 형태
를 잘 표현하기 위해 격자 무늬의 이미지를
깔고 그 위에 새로운 레이어를 추가한 후
그리는 것도 좋은 방법입니다.

 Copic 중간 넓은 펜촉

격자 무늬(그리드) 이미지가 필요하면 검색 포털에서 'grid texture'로 검색해 보세요. 다양한 격자 무늬 이미지를 다운로드할 수 있습니다. 그게 번거롭다면 http://bit.ly/2qaf2KD에서 배경이 투명한 파란색 그리드를 다운로드 받아서 사용하세요.

이미지 파일을 다운로드했다면 PC 버전에서는 도면층 편집기 상단에 있는 이미지 추가 아이콘을 이용하고, 모바일 버전에서는 상단 도구막대에 있는 이미지 추가 아이콘을 눌러 추가합니다.

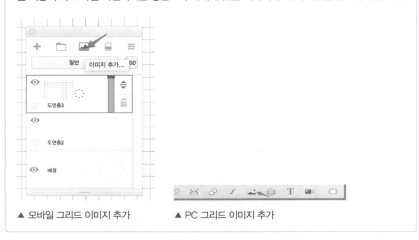

▲ 모바일 그리드 이미지 추가　　　　▲ PC 그리드 이미지 추가

2 펜 선을 그리기 위해 레이어를 추가합니다. [펠트펜(표준)]으로 모자의 외곽선 형태만 펜 선으로 그립니다.

> **펠트펜**
> 유형: 표준 ▼

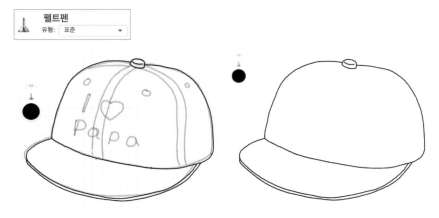

TIP 레이어 복제하기

채색 작업을 하다 종종 채색이 되지 않은, 처음의 펜 선 상태로 되돌리고 싶을 때가 있습니다. 이런 경우처럼 만일을 대비해 미리 펜 선 레이어를 복제해 두고 복제된 레이어를 활용해 채색을 진행하는 것이 좋습니다. PC 버전은 도면층 복제 기능을, 모바일 버전은 중복 기능을 이용합니다. 자세한 방법은 038 쪽을 참고하세요.

3 채우기 기능을 이용해 채색을 진행합니다. 이때 챙은 좀 더 밝은 색으로 채우는 것이 좋습니다.

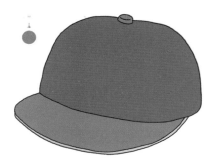

4 글자와 하트 모양 등 모자 디자인을 표현하기 위해 도면층 편집기에서 처음에 그린 밑그림 레이어를 제일 위쪽으로 옮깁니다.

TIP 밑그림을 참고하기 위해 올린 레이어가 선택되어 있는 상태로 채색할 수 있으니 주의하세요. 반드시 채색용 레이어를 선택한 후 이어지는 작업을 진행해 주세요.

5 [페인트 브러시]를 이용해 하트와 글자, 박음질을 표현합니다. 브러시의 크기를 조절해 글자와 흰색 박음질의 두께를 다르게 표현합니다.

6 다시 밑그림 레이어를 숨기고, [펠트펜(표준)]을 이용해 글자 위에 있는 미세한 박음질을 표현합니다. 캔버스를 확대한 후 작업하면 편리합니다.

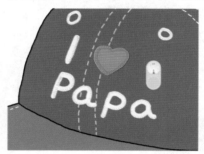

7 [펠트펜(마커펜)]을 이용해 하트와 글자 아래에 그림자처럼 진한 부분을 표현하면 입체감이 생깁니다.

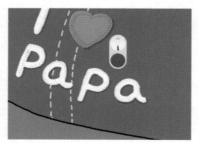

8 끝으로 [펠트펜(마커펜)]으로 모자 아래쪽 그림자를 추가합니다.

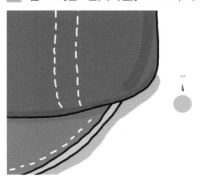

9 캔버스를 축소해서 완성된 귀여운 모자를 확인합니다.

TIP

모바일 버전이라면 두 손가락을 이용하여 캔버스를 확대/축소할 수 있으며, PC 버전이라면 상단 도구막대에서 돋보기 모양의 캔버스 줌/회전/이동 아이콘을 선택합니다. Space bar 키를 누르면 좀 더 간편합니다.

필통

귀여운 인형 모양의 필통을 그려 보겠습니다. 열린 지퍼 사이로 삐죽 튀어나온 여러 가지 필기구의 모습을 잘 표현해 보세요.

-완성 작품-

1 3000×2000 크기로 새로운 캔버스를 시작한 후 [Copic 중간 넓은 펜촉]으로 밑그림을 그립니다. 세밀하게 그릴 필요는 없고 대략적인 형태를 파악할 수 있으면 됩니다.

2 새로운 레이어를 추가한 후 [펠트펜 (표준)]으로 펜 선을 그립니다. 다음 단계의 채색을 위해 막혀 있게 그리면 좋겠죠?

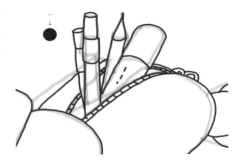

3 펜 선이 완성되었습니다.

4 채색을 위해 새로운 레이어를 만듭니다. 도면층 샘플링 기능을 활성화하고 채색을 합니다.

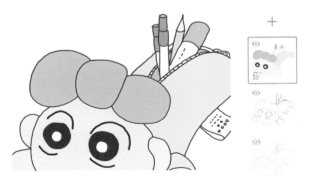

5 입체감을 표현하기 위해 [펠트펜(마커펜)]을 선택하고 각 영역에서 색상을 좀 더 진하게 바꿔서 어두운 부분을 표현합니다. 진한 색상 선택은 색상 퍽에서 아래로 드래그하면 됩니다.

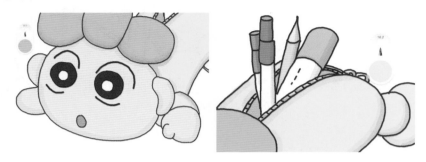

6 마지막으로 [펠트펜(마커펜)]을 이용해 그림자를 추가하면 완성됩니다.

005일

안경

귀여운 크리스마스 안경을 그려 보겠습니다. 장식을 제외한 안경 부분은 대칭 기능을 이용하면 쉽게 그릴 수 있습니다.

完성 작품

1 3000×2000 크기로 새로운 스케치를 시작한 후 도구막대에서 대칭 Y(가로대칭) 기능을 선택합니다. 대칭 축 한쪽에서 [Copic 중간 넓은 펜촉]으로 안경테를 스케치합니다.

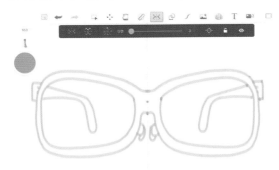

2 안경테를 다 그린 후에는 대칭 기능을 끄고, 루돌프와 산타를 마저 스케치합니다.

3 밑그림이 끝나면 새로운 레이어를 추가한 후 [펠트펜(표준)]을 이용해 펜 선을 그립니다.

4 펜선이 완성되었습니다.

5 채색을 위해 레이어를 추가하고, 도면층 샘플링 기능을 선택한 후 각 영역을 채우기 기능으로 채색합니다.

6 입체감을 표현하기 위해 [펠트펜(마커펜)]을 이용해 어두운 부분을 채색합니다. 색상 퍽을 아래로 드래그하면 색상이 어두워집니다.

7 안경의 유리 부분은 밝은 파란색 계열로 채색하고, 광택이 나는 듯한 느낌을 표현하기 위해 [페인트 브러시]를 사용해 흰색으로 채색합니다.

8 마지막으로 [펠트펜(마커펜)]를 이용해 그림자를 표현하여 멋진 크리스마스 안경을 완성합니다.

손 세정제

이번에는 화장실이나 주방에서 볼 수 있는 손 세정제를 그려 보겠습니다.

-완성 작품-

1 3000×2000 크기로 새로운 스케치를 시작합니다. 라벨 디자인을 표현하기 위해 격자 무늬 이미지를 이용하는 것도 좋습니다. [Copic 중간 넓은 펜촉]으로 손 세정제의 전체적인 형태만 표현합니다.

2 새로운 레이어를 만들고 [펠트펜(표준)]으로 펜 선을 그립니다.

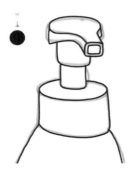

3 펜 선이 완성되면 채우기 기능으로 각 영역을 간단하게 채색합니다.

4 밝은 부분을 강조하기 위해 [페인트 브러시]를 이용해 흰색으로 채색합니다.

5 [펠트펜(마커펜)]으로 어두운 부분을 표현합니다. 원하는 부분의 색상을 선택하고 색상 퍽을 아래로 드래그하면 좀 더 어두운 색을 선택할 수 있습니다.

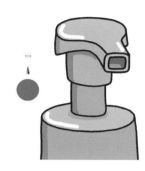

6 [페인트 브러시]를 이용해 흰색 글자를 표현합니다. 작은 글자는 브러시의 크기를 조절하여 표현하면 됩니다.

7 마지막으로 [펠트펜(마커펜)]을 이용해 그림자를 추가하면 손 세정제가 완성됩니다.

007일 지갑

매일 가지고 다녀서 이제는 정이 든 자신의 오래된 지갑을 그려 보세요.

-완성 작품-

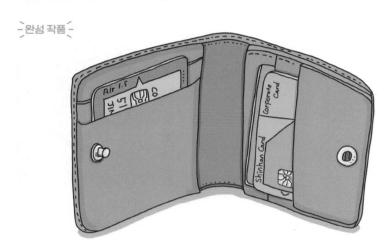

1 [Copic 중간 넓은 펜촉]으로 밑그림을 그립니다.

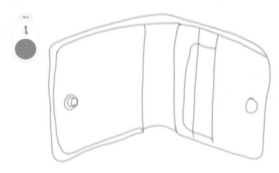

2 새로운 레이어를 추가한 후 [펠트펜(표준)]으로 펜 선을 그립니다.

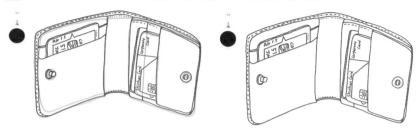

3 채색을 하기 전 펜 선 레이어를 복제한 후 복제한 원본 레이어에 채우기 기능으로 채색합니다.

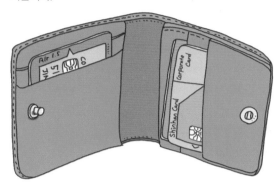

4 지갑의 색을 선택하고 색상 퍽을 드래그해서 아래로 내리면 어두운 색이 선택됩니다. [펠트펜(마커펜)]으로 어두운 부분을 표현합니다.

5 신용카드의 IC칩 같은 금속 부분의 밝은 영역은 [페인트 브러시]를 사용해 표현합니다.

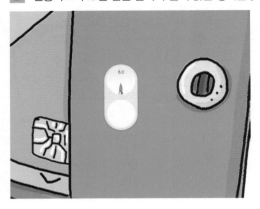

6 지갑 하단에 그림자를 넣겠습니다. 좀 더 쉽게 작업하기 위해 그림자용 레이어를 추가하고 채색 레이어 아래쪽에 배치합니다. 그림자 레이어를 선택하고 [펠트펜(마커펜)]을 이용해 그림자를 추가합니다. 도면층 편집기를 보면 4개의 레이어(펜 선, 펜 선 + 채색, 그림자, 밑그림)가 있습니다.

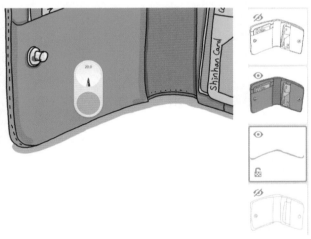

지갑이 완성되었습니다. 여러분이 가지고 있는 지갑을 보고 한 번 더 연습해 보는 것도 좋습니다.

008일

신용카드

지갑을 그렸으니, 지갑에 하나씩은 가지고 있는 신용카드도 그려 보겠습니다.

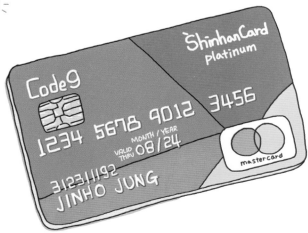

1 먼저 [Copic 중간 넓은 펜촉]으로 밑그림을 그립니다.

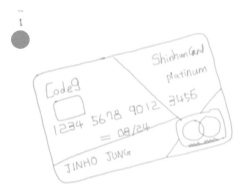

[TIP] 개인정보 노출의 위험이 있으니, 카드 번호는 임의의 숫자로 그리는 것이 좋겠죠?

2 새로운 레이어를 추가한 후
[펠트펜(표준)]으로 펜 선을 그립
니다.

3 펜 선이 완성되었습니다.

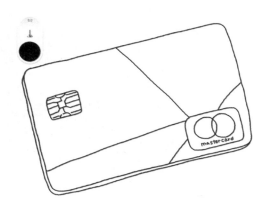

4 채색을 위해 펜 선 레이어를
복제하고, 복제된 펜 선 레이어에
채우기로 채색합니다.

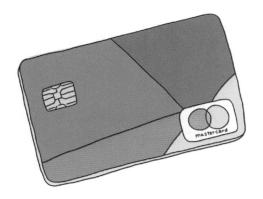

5 도면층 편집기에서 밑그림 레이어를 제일 위로 옮긴 후 채색 레이어를 선택하고 [페인트 브러시]를 이용해 흰색 글자를 표시합니다. [페인트 브러시]의 크기를 조정해 가면서 다양한 크기로 글자를 표현합니다.

6 신용카드 글자는 입체적으로 도드라져 있으므로 이를 표현하기 위해 [펠트펜(마커펜)]을 이용해 글자 옆에 가는 그림자를 표현한 후 마지막으로 신용카드 그림자를 표현하면 완성입니다.

티셔츠

귀여운 어린이용 티셔츠를 그려 보겠습니다. 강아지 그림만 별도의 레이어로 분리하면 나중에 티셔츠 위에 다른 그림을 넣기도 수월합니다.

- 완성 작품 -

1 3000×2000 크기로 새로운 캔버스를 시작한 후 [Copic 중간 넓은 펜촉]으로 밑그림을 그립니다.

2 새로운 레이어를 만들고 [펠트펜(표준)]으로 강아지 그림을 빼고 펜 선을 그립니다.

3 브러시 크기를 얇게 변경해서 박음질 부분을 표현합니다.

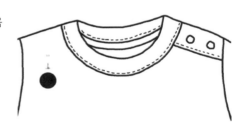

4 새로운 레이어를 추가한 후 [펠트펜(표준)]으로 강아지 그림을 그립니다. 티셔츠와 강아지 그림을 분리하여 도면층 편집기에는 3개의 레이어가 있습니다.

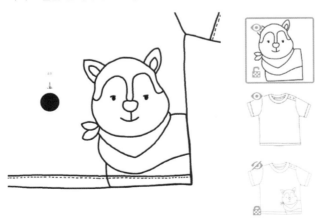

5 티셔츠 펜 선 레이어를 선택하고 채우기로 채색을 한 후 [펠트펜(마커펜)]으로 줄무늬를 표현합니다.

6 강아지 펜 선 레이어를 선택하고 마찬가지로 채우기로 채색을 합니다.

7 [펠트펜(마커펜)]으로 그림자를 추가하면 귀여운 강아지 티셔츠가 완성됩니다.

010일

소화기

위급한 상황에 대비하기 위해 모든 가정에 구비하면 좋은 소화기를 그려 보겠습니다. 빨강, 노랑, 검정의 색이 조화롭게 어우러진 소화기를 직접 완성해 보면 생각보다 멋지게 보인답니다.

-⟨완성 작품⟩-

1 3000×2000 크기로 새로운 캔버스를 시작한 후 [Copic 중간 넓은 펜촉]으로 밑그림을 그립니다. 여기서는 대략적인 형태만 그리고 자세한 묘사는 펜 선 작업 시 표현해도 충분합니다.

2 새로운 레이어를 추가하고, **[펠트펜(표준)]**으로 펜 선을 그립니다. 너무 가는 선보다는 크기 5 정도의 두툼한 선을 사용하면 좋습니다.

3 밑그림 레이어를 숨겨서 완성한 펜 선을 확인합니다.

4 채색을 위해 펜 선 레이어를 복제합니다. 복제된 레이어를 선택한 후에 채우기 기능으로 채색을 시작합니다.

5 [펠트펜(마커펜)]으로 어두운 부분을 표현합니다. 어두운 부분을 표현할 때 소화기 몸통의 어두운 부분은 브러시를 두껍게, 호스 부분은 브러시를 가늘게 바꿔서 그리면 좋습니다.

6 소화기 몸통, 호스의 노즐 등 밝은 부분은 [페인트 브러시]를 이용해 표현합니다.

7 마지막으로 [펠트펜(마커펜)]으로 그림자를 추가하면 완성됩니다.

접시

벌써 11일 차 도전입니다. 지금까지 잘 따라왔다면 이제 각 브러시의 사용 요령
과 스케치북 사용이 어느 정도 익숙해졌겠지요? 이제부터는 설명이 좀 더 간단해
집니다. 따라 하기 어렵다면 앞쪽을 좀 더 연습해 보세요. 이번에는 고양이가 그
려진 예쁜 그릇 2개를 그려 보겠습니다.

-완성 작품-

1 3000×2000 크기로 새로운 캔버스를 시작한 후 [Copic 중간 넓은 펜촉]으로 밑그림
을 그립니다. 새로운 레이어를 추가하고 [펠트펜(표준)]으로 그릇의 외형을 그립니다.

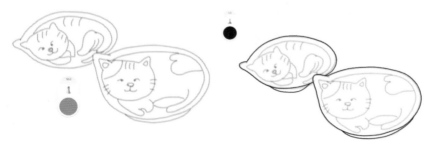

2 [펠트펜(마커펜)]을 선택하고 접시 안쪽 고양이 모양을 그립니다. 브러시의 굵기와 색상을 조정해 가면서 몸통의 무늬를 표현합니다. 엉덩이의 하트 모양은 채우기 기능을 이용하면 편리합니다.

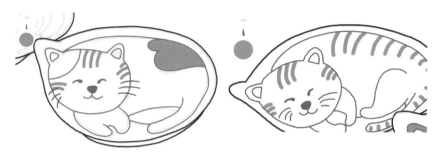

3 마지막으로 [펠트펜(마커펜)]을 이용해 접시 아래 부분에 그림자를 추가하면 예쁜 접시가 완성됩니다.

이제 주방으로 달려가 가장 예쁜 그릇을 골라서 직접 보고 그리면서 연습해 보세요.

칫솔/치약

이번에는 우리가 항상 사용하는 칫솔과 치약을 그려 보겠습니다. 큰 딸이 대만 여행에서 사온 치약입니다.

-완성 작품-

1 3000×2000 크기로 새로운 캔버스를 시작한 후 [Copic 중간 넓은 펜촉]으로 간략한 밑그림을 그립니다. 사진을 찍어서 보고 그려도 좋고, 실물을 보고 그려도 좋습니다.

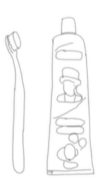

2 새로운 레이어를 만들고, [펠트펜(표준)]으로 펜 선을 그립니다. 너무 자세히 그릴 필요는 없습니다. 밑그림을 숨기고 완성한 펜 선을 확인합니다.

3 펜 선 레이어를 복제한 후 복제된 레이어에 채색을 시작합니다. 채우기 기능을 이용한 후 어두운 부분은 [펠트펜(마커펜)]으로 강조합니다.

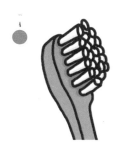

4 칫솔 옆면의 밝은 플라스틱 부분은 [페인트 브러시]를 이용하세요. 손잡이 부분도 밝은 부분과 어두운 부분을 표현하면 더욱 입체적으로 보입니다.

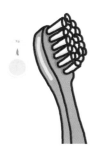

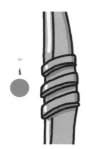

5 어두운 부분과 밝은 부분을 각각 [펠트펜(마커펜)]과 [페인트 브러시]로 표현합니다.

6 [페인드 브러시]를 선택한 후 브러시 퍽을 아래로 드래그해서 불투명도를 조절하여 치아 양 옆에 있는 푸른색과 초록색의 반투명 무늬를 표현해 봅니다.

7 [펠트펜(마커펜)]을 이용해 아래쪽에 그림자를 추가하여 치약과 칫솔을 완성합니다.

제가 그린 그림을 따라 그리는 것도 좋고, 여러분이 사용하는 치약과 칫솔을 보고 그려 보는 것도 좋습니다.

013일 **와인병**

귀여운 눈사람이 그려진 와인병을 그려 보겠습니다. 먼저 투명한 액체를 어떻게 표현했는지 자세히 관찰한 후 시작하세요. 이제부터는 완성 그림을 보고 캔버스의 크기도 자유롭게 지정해 보세요.

-`완성 작품`-

1 새로운 캔버스를 시작한 후 [Copic 중간 넓은 펜촉]으로 밑그림을 그립니다. 레이어를 추가한 후 [펠트펜(표준)]으로 펜 선을 그리고, 밑그림 레이어를 숨깁니다.

2 펜 선 레이어를 복제한 후 채우기 기능으로 채색을 시작합니다. 병마개의 어두운 부분과 액체를 표현한 부분을 잘 관찰한 후 [펠트펜(마커펜)]과 [페인트 브러시]를 이용하여 따라 해 보세요.

3 와인병 라벨에 있는 눈사람과 나무의 흰색 부분은 채색하지 않고, [펠트펜(마커펜)]으로 그림자만 표현했습니다.

4 [페인트 브러시]와 [펠트펜(마커펜)]을 이용해 와인병 바닥의 움푹 파인 부분을 표현합니다. 마지막으로 그림자를 추가하여 완성합니다.

과자

간식으로 즐겨 먹는 과자를 그려 볼까요? 개인적으로 편의점과 고속도로 휴게소
에서 자주 사 먹는 감자 과자를 그려 보겠습니다.

-완성 작품-

1 새로운 스케치를 시작합니다. 먼저 밑그림을 그
려야겠죠? 어떤 브러시를 사용할까요? 맞습니다.
[Copic 중간 넓은 펜촉]입니다.

2 새로운 레이어를 추가한 후 [펠트펜(표준)]으로 펜 선을 그린 후 밑그림 레이어를 숨깁니다.

3 펜 선 레이어를 복제하고, 복제된 레이어에 채우기 기능으로 채색을 합니다. 포장지에서 밝은 부분은 [페인트 브러시], 어두운 부분은 [펠트펜(마커펜)]으로 표현합니다.

4 과자의 바삭한 느낌은 점을 찍어서 표현하고, [펠트펜(마커펜)]을 이용해 그림자를 추가하면 완성됩니다.

여러분이 좋아하고, 즐겨 먹는 과자를 그려 보세요. 완성한 작품을 보면서 먹는 과자 맛은 어떨까요?

015일

장갑

루돌프 장식이 있는 귀여운 장갑을 그려 보겠습니다. 대칭 기능을 이용하면 좀 더 쉽게 그릴 수 있답니다.

-완성 작품-

1 새로운 스케치를 시작한 후 [Copic 중간 넓은 펜촉]을 이용해 먼저 왼쪽 장갑을 간단하게 스케치합니다. 반대편은 대칭 기능을 이용해 그릴 예정이에요.

2 새로운 레이어를 만들고, 상단 도구막대에서 대칭 Y(좌우 대칭)를 선택합니다. 그런 다음 밑그림을 따라 왼쪽 장갑을 펜 선으로 그립니다.

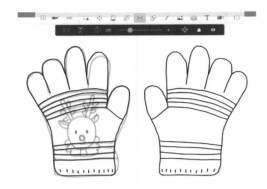

3 장갑의 장식은 쉽게 바꿀 수 있도록 별도의 레이어에 그리겠습니다. 새 레이어를 만들고, 대칭 Y(좌우 대칭)가 실행된 상태에서 **[펠트펜(표준)]**으로 왼쪽 루돌프 펜 선을 그립니다.

4 지금까지 잘 따라 왔다면 도면층 편집기는 이런 상태입니다.

5 다시 장갑 펜 선 레이어를 선택한 후 채우기 기능으로 채색한 후 [펠트펜(마커펜)]으로 어두운 부분을 표현합니다. 색상 퍽에서 아래로 드래그하면 어두운 색을 선택할 수 있습니다.

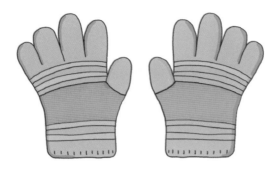

6 루돌프 펜 선 레이어를 선택하고 채색을 시작합니다. 마찬가지로 채우기 기능을 이용한 후 [펠트펜(마커펜)]으로 어두운 부분을 표현합니다. 끝으로 그림자를 표현하면 귀여운 루돌프 장갑이 완성됩니다.

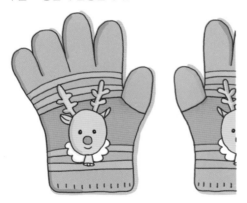

이제 여러분의 장갑을 그려 보세요. 인터넷 검색으로 마음에 드는 장갑을 찾아서 그려 보는 것도 좋은 방법입니다.

음반/CD

요즈음은 대부분 MP3 파일이나 인터넷 스트리밍 서비스를 이용합니다. 그러나 정말 좋아하는 음악이 있다면 가끔 CD를 구입해 보는 것도 낭만이 있죠. 최근에 구입한 애창곡 그룹 fun.의 CD를 그려 보겠습니다.

-¿완성 작품¿-

1 새로운 스케치를 시작한 후 [Copic 중간 넓은 펜촉]으로 간단하게 밑그림을 그립니다.

[TIP] 스케치를 좀 더 쉽게 하기 위해 격자 무늬 이미지를 배치한 후 밑그림을 그렸습니다.

2 새로운 레이어를 만들고, [펠트펜(표준)]으로 펜 선을 그립니다. 복잡한 부분은 브러시의 크기를 조금 줄이는 것이 좋습니다.

3 채우기 기능으로 채색을 합니다. 펜 선이 막혀 있게 그렸다면 쉽게 채색할 수 있어요. 혹시 중간에 뚫린 부분이 있다면 다시 잘 이어 주고 채색을 계속하세요.

4 복잡한 부분이 있다면 생략하는 것도 좋습니다. 사람들은 여러분이 어느 부분을 생략했는지 잘 모를 것입니다. [펠트펜(마커펜)]으로 그림자를 추가하면 완성됩니다.

완성을 하니 생각보다 근사하지요? 이제 여러분이 즐겨 듣는 음악 중에 너무 어렵거나 복잡하지 않은 음반을 선택해서 그려 볼 차례입니다.

리모컨

거실에서 항상 자리 잡고 있는, 우리를 게으른 사람으로 만드는 리모컨을 그려 보겠습니다. 버튼이 너무 많은 리모컨은 그리기가 복잡하니, 가능하면 간단한 리모컨을 골라 보았습니다.

-완성 작품-

1 새로운 스케치를 시작한 후 [Copic 중간 넓은 펜촉]으로 리모컨의 형태를 간단하게 스케치합니다.

2 새로운 레이어를 만들고 [펠트펜(표준)]으로 펜 선을 완성한 후 밑그림 레이어를 숨깁니다.

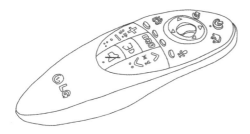

3 채우기 기능으로 채색을 시작합니다. 펜 선 레이어를 복제한 후 채색하면 더 좋습니다. 검정은 밝은 부분과 어두운 부분이 있으니 잘 관찰해서 채색하세요. 아직까진 다소 평면적인 느낌입니다.

4 캔버스를 충분히 확대해서 버튼을 묘사합니다. 밝은 부분, 어두운 부분, 그림자를 잘 표현해 보세요. 밝은 부분은 [페인트 브러시], 어두운 부분은 [펠트펜(마커펜)]를 이용했습니다.

5 리모컨의 몸통은 어두운 색이고 글자는 밝은 색입니다. [페인트 브러시]를 이용하여 어두운 배경 위에 밝은 글자를 표현합니다.

6 밝은 부분과 어두운 부분을 잘 표현했다면 입체감이 느껴질 겁니다. 마지막으로 [펠트펜(마커펜)]으로 그림자를 추가하여 멋진 리모컨을 완성하세요.

018일

동전

요즘에는 신용카드와 간편 결제 등 다양한 지급 수단으로 동전을 사용할 일이 거의 없지만, 동전은 한 번쯤 그려 보기에 멋진 소재입니다. 국보 제20호로, 불국사 대웅전 앞에 있는 통일신라 시대의 석탑인 다보탑이 돋보이는 10원을 그려 보겠습니다.

-┌완성 작품┐-

1 새로운 스케치를 시작한 후 격자 무늬 이미지와 인터넷에서 검색한 동전 이미지를 배치했습니다. 사물을 정확하게 옮기고 싶을 때 사용하는 방법으로 불투명도를 30%에서 40% 정도로 조정하면 좋습니다.

2 새로운 레이어를 만든 후 밑그림 대신 이미지를 사용하므로 바로 [펠트펜(표준)]을 이용해 펜 선을 그립니다. 주요한 부분 위주로 옮기면 됩니다.

3 펜 선이 완성되면 동전 이미지 레이어를 숨기고 펜 선을 확인합니다.

4 채우기 기능을 이용해 채색을 합니다. 한 가지 색상보다는 밝은 부분과 어두운 부분을 구별해 주면 좋습니다.

5 채우기만 끝내면 다소 밋밋한 느낌입니다. [펠트펜(마커펜)]을 이용해 어두운 부분을 표현하면 입체감이 생깁니다.

6 지금까지 [펠트펜(마커펜)]은 주로 어두운 부분을 표현할 때 사용했지만, 색상 퍽에서 밝은 색을 선택한 후 문지르면 금속의 밝은 부분을 표현할 수 있습니다.

7 마지막으로 그림자를 추가해서 완성했습니다.

정확하게 스케치하기 위해 이미지를 깔고 따라 그리는 것을 트레이싱이라고 합니다. 형태를 쉽게 그릴 수 있지만 너무 자주 사용하면 그림 실력이 늘지 않아요.

019일

지폐

동전에 이어 지폐를 그려 보겠습니다. 율곡 이이 선생님이 등장하는 오천원권 지폐입니다. 지폐에는 동전보다 다양하고 복잡한 이미지가 들어 있으니 자세한 것은 과감하게 생략하고 간략하게 표현하는 연습을 하기에 좋은 소재입니다.

-완성 작품-

1 새로운 스케치를 시작한 후 [Copic 중간 넓은 펜촉]으로 형태를 간략하게 스케치합니다.

2 새로운 레이어를 만들고, 이 레이어 위에 [펠트펜(표준)]으로 펜 선을 그립니다. 펜 선이 완성되면 밑그림 레이어를 숨깁니다.

3 펜 선 레이어를 복제한 후 채우기로 채색을 합니다.

4 [펠트펜(마커펜)]으로 율곡 이이 선생님의 얼굴에 명암을 넣으면 입체감이 생깁니다. 마지막 단계로 [펠트펜(마커펜)]을 이용해 그림자를 넣어 완성합니다.

다른 지폐를 그려 보면서 복잡함을 과감하게 생략하는 연습을 해 보세요.

020일 나뭇잎

이번에는 나뭇잎을 그려 보겠습니다. 하나의 나뭇잎은 이제 너무 쉬운 단계죠?
다양한 나뭇잎이 모여 있는 모습을 표현할게요.

-완성 작품-

1 새로운 스케치를 시작한 후 [Copic 중간
넓은 펜촉]으로 밑그림을 그립니다. 범위를 지정
할 원형은 도구막대에서 그리기 스타일 아이콘
을 누른 후 타원 메뉴를 선택해서 쉽게 그릴 수
있습니다.

2 새로운 레이어를 추가하고 **[펠트펜(표준)]**으로 나뭇잎의 펜 선을 그립니다. 지금까지와
달리 초록색으로 펜 선을 그린 후 밑그림 레이어를 숨깁니다.

3 펜 선 레이어를 복제한 후에 채색을 시작합니다.

┌ TIP ┐

이번 작품에서는 펜 선을 검정이 아니라 초록색 계열로 그렸습니다. 채색하는 색과 펜 선의
경계를 없애고 싶거나 펜 선을 채우기 색과 유사한 색으로 바꾸고 싶을 때는 채우기 기능을
이용해 펜 선을 클릭해서 변경할 수 있습니다. 채색 중 외곽선이 너무 도드라지는 것이 싫다
면 이 방법을 이용하면 좋습니다.

4 [펠트펜(마커펜)]으로 어두운 부분을 마음껏 자유롭게 표현합니다.

5 모든 나뭇잎에 어두운 부분을 표현하면 원형의 나뭇잎 장식이 멋지게 완성됩니다.

신발

20일 차까지 잘 따라왔나요? 이제는 브러시 사용과 스케치북 사용이 전혀 어색하지 않을 거라 생각합니다. 더욱 속도를 내 볼까요? 간단한 과정 그림만으로 귀여운 어린이 운동화를 그려 보세요. 신발은 꽤 복잡해 보이지만 자세히 관찰하고 천천히 노력해 보면 멋진 작품을 완성할 수 있습니다.

-완성 작품-

1 새로운 스케치를 시작한 후 대략적인 형태를 스케치합니다.

2 새로운 레이어에 펜 선을 그립니다.

3 펜 선 레이어를 복제하여 채색한 후 밝은 부분과 어두운 부분을 잘 표현하면 운동화에 입체감이 표현됩니다.

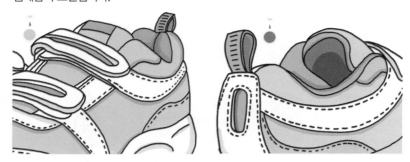

4 마지막으로 그림자를 추가해 운동화를 완성합니다.

여러분의 신발도 그려 보세요. 테이블 위에 실물을 올려 놓고 보고 그리거나, 사진을 찍은 후 사진을 보고 그리면 수월합니다.

인형

이번에는 저희 집 강아지가 좋아하는 인형 2개를 그려 보겠습니다.

-²완성 작품²-

1 새로운 스케치를 시작한 후 형태를 간략하게 표현합니다.

2 새로운 레이어에 펜 선을 그립니다.

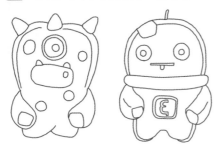

3 펜 선 레이어를 복제한 후 채색합니다. 아직까지는 납작한 평면 인형으로 보입니다.

4 밝은 부분과 어두운 부분을 표현해 입체감을 살립니다. 특히 빨간색 뿔을 자세히 관찰해 보세요.

5 인형의 질감을 표현해 보겠습니다. 브러시 라이브러리를 열면 [텍스처] 세트에 질감을 표현할 수 있는 브러시들이 있습니다. 적당한 텍스처 브러시를 선택한 후에 문지르거나 점을 찍듯이 질감을 표현합니다.

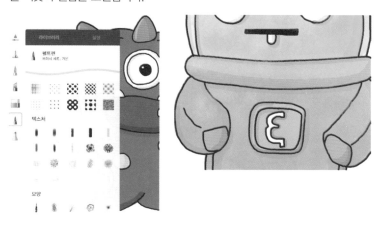

6 마지막으로 그림자를 추가해 강아지 인형 2개를 완성합니다.

이번 작품에서는 헝겊, 털실 등의 느낌을 재미있게 표현할 수 있는 텍스처 브러시를 이용해 보았습니다. 이제 여러분이 좋아하는 독특한 질감의 소재를 그려 보세요.

스노우볼

투명한 유리 구슬 안에 펭귄과 북극곰이 함께 있는 스노우볼을 그려 보겠습니다.
사실 펭귄은 남극에 살고 북극곰은 북극에 살아서 만나기 힘들지만 작품 속에서
는 제약이 없습니다.

-≺ 완성 작품 ≻-

1 새로운 스케치를 시작한 후 형태를 간략하게 표현합
니다.

2 새로운 레이어에 펜 선을 그립니다.

3 채우기 기능으로 채색을 합니다. 펭귄의 몸과 북극곰의 몸은 흰색이므로 채색하지 않고 그림자만 표현했습니다. 흰 눈은 [페인트 브러시]로 표현합니다.

4 볼의 밝은 부분과 어두운 부분을 표현하고, 원형 나무 받침의 명암을 표현한 후 그림자까지 추가하면 스노우볼이 완성됩니다.

자전거

어린 시절을 생각나게 만드는 귀여운 꼬마 자전거를 그려 보겠습니다.

-완성 작품-

1 새로운 스케치를 시작한 후 형태
를 간략하게 표현합니다.

2 새로운 레이어에 펜 선을 그립니다.

3 새로운 레이어에 채색을 하고, 어두운 부분을 표현하면 입체감이 생깁니다.

4 특히 바퀴는 검은색 한 가지가 아닌, 밝은 부분과 어두운 부분을 구분해서 표현하면 좋습니다. 마지막으로 그림자를 표현하여 완성합니다.

놀이기구

대형 마트에 가면 종종 볼 수 있는 소형 놀이기구입니다. 색상과 모양이 예뻐서 사진을 찍어 두었죠. 한 번 그려 보겠습니다.

-〈완성 작품〉-

1 새로운 스케치를 시작한 후 형태를 간략하게 표현합니다.

2 새로운 레이어에 펜 선을 그립니다.

3 펜 선 레이어를 복제한 후에 채색을 하고, 어두운 부분을 표현해 줍니다.

4 마지막으로 아래쪽에 그림자를 추가하면 귀여운 놀이기구가 완성됩니다.

우산

일상생활의 필수품 우산을 그려 보겠습니다. 우산만 있으면 다소 심심한 느낌이 들 수 있으므로 구름과 비를 함께 그리겠습니다. 또한 흰색으로 표현할 비가 제대로 보이도록 배경에 색도 채워 보겠습니다.

-ᐟ완성 작품ᐟ-

1 새로운 스케치를 시작한 후 대략적인 형태를 표현합니다.

2 새로운 레이어에 펜 선을 그립니다.

3 펜 선을 복제한 후 노란색으로 우산의 영역을 나누고, 채우기 기능으로 간단하게 채색합니다.

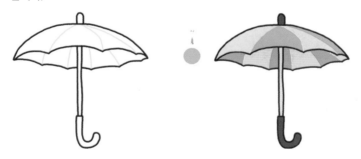

4 우산 아래쪽에 새로운 레이어를 추가한 후 짙은 파란색으로 채우고, 다시 채색 레이어에서 [페인트 브러시]로 구름과 빗방울을 그려 완성합니다.

머리빗

알록달록 여러 가지 색으로 이루어진 머리빗을 그려 보겠습니다. 전체적인 형태는 단순하므로 알록달록 촘촘한 빗을 표현하는 것이 관건입니다.

-완성 작품-

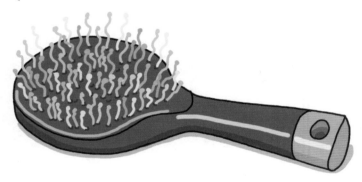

1 새로운 스케치를 시작한 후 형태를 간략하게 표현합니다.

2 새로운 레이어를 만들고 펜 선을 완성합니다.

3 채우기 기능으로 넓은 영역을 간단하게 채우고, 밝은 부분과 어두운 부분을 표현합니다.

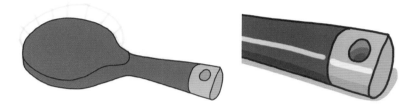

4 [페인트 브러시]를 이용해 다양한 색상의 빗살을 꼬불꼬불 그리고, 마지막으로 그림자를 추가하여 완성합니다.

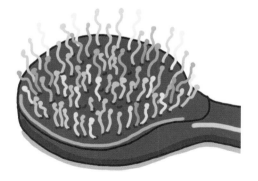

028일

스테이플러

책상 서랍에서 자주 볼 수 있는 스테이플러를 그려 보겠습니다. 평범한 형태는 아니지만, 막상 그려 보면 도전해 볼 만한 수준입니다.

-완성 작품-

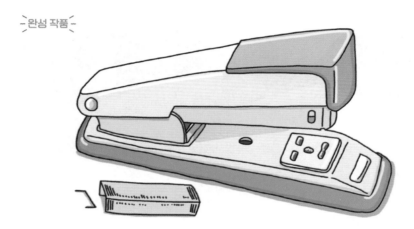

1 새로운 스케치를 시작한 후 형태를 간략하게 표현합니다.

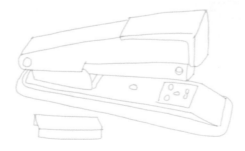

2 새로운 레이어에 펜 선을 그립니다.

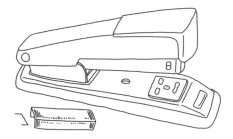

3 채우기 기능으로 색을 채운 후 어두운 부분을 표현합니다. 금속 부분은 차가운 회색으로 채우면 효과적으로 재질을 표현할 수 있습니다.

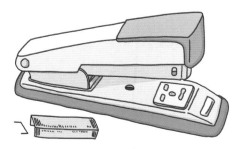

4 밝은 부분과 바닥의 그림자를 표현하면 완성됩니다.

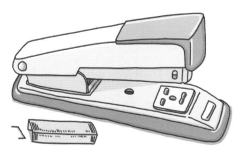

종이가방

강아지 얼굴이 그려진 노란색 종이가방을 그려 보겠습니다. 간단한 형태이므로 종이가방의 디자인을 중점적으로 표현해 보세요.

-완성 작품-

1 새로운 스케치를 시작한 후 종이가방의 형태를 그립니다.

2 새로운 레이어에 펜 선을 완성합니다. 채색은 채우기 기능을 이용하며, 접히는 부분은 좀 더 어두운 색으로 채워 주세요.

3 손잡이의 끈 부분과 그림자를 입체감이 느껴지도록 신경 써서 표현합니다.

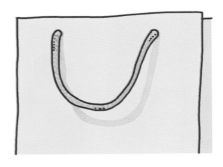

4 흰색 [페인트 브러시]를 이용해 삼각형, 원, 별 등 무늬를 그린 후 강아지 얼굴을 중앙에 그려 완성합니다.

종이가방은 간단한 모양이지만 사물의 형태와 입체감을 연습하기에 좋은 대상입니다.

무당벌레

반짝반짝 빛나는 빨간 날개와 검은색 점이 멋지게 보이는 칠성 무당벌레를 그려 보겠습니다.

-˛완성 작품˛-

1 새로운 스케치를 시작한 후 형태를 간략하게 표현합니다.

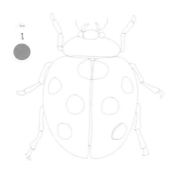

2 새로운 레이어에 펜 선을 완성한 후 무당벌레의 머리 부분 무늬를 노란색으로 그려 줍니다.

3 채우기 기능으로 간단하게 채색을 시작합니다. 다리 부분은 검은색보다는 짙은 회색이 좋습니다.

4 어두운 부분과 다리 및 더듬이쪽 밝은 부분을 표현합니다.

5 날개 끝부분의 빨간색 농도를 조절하여 여러 색으로 표현해 줍니다.

6 마지막으로 [일반] 브러시 세트에 있는 [부드러운 에어브러시]로 날개의 밝게 빛나는 부분을 표현하고, 다리와 날개 아래쪽에 그림자를 넣어 완성합니다.

빨간색과 노란색, 검은색이 어우러진 무당벌레는 꼭 한 번 그려 보기에 좋은 매력적인 소재입니다.

031일

향수병

예쁜 향수병을 그려 보겠습니다. 유리로 된 병의 빛나는 부분을 어떻게 표현하는
지 잘 보고 따라 그려 보세요.

-≲완성 작품≳-

1 새로운 스케치를 시작한 후 형태를 간략하게 표현
하고, 새로운 레이어에 펜 선을 완성합니다.

2 펜 선이 완성되면 뚜껑과 리본을 먼저 채색합니다. 2~3가지 다른 회색을 이용해 유리와 금속 질감, 그리고 회색 리본을 표현했습니다.

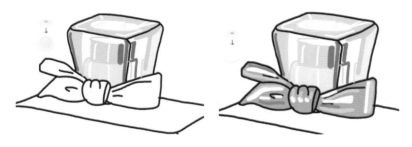

3 이제 액체가 담겨 있는 병 부분을 채색합니다.

4 3가지 정도 밝기를 조절한 분홍색으로 액체와 병의 빛나는 부분을 표현하고 그림자를 추가하여 완성합니다.

향수는 브랜드에 따라 병의 모양이 천차만별이죠? 여러분이 가지고 있는 향수병은 어떤 모양인가요?

빵

고소하고 달콤한 빵을 그려 보겠습니다. 한 종류만 그리는 것보다는 여러 종류의
빵을 자유롭게 배치하여 완성해 보세요.

-완성 작품-

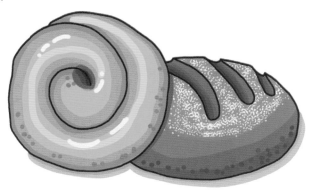

1 새로운 스케치를 시작한 후 빵의 형태를 간략하게 표현합니다.

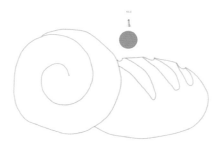

2 새 레이어에 펜 선을 완성한 후 채우기 기능과 브러시를 이용하여 기본 채색과 어두운 부분 표현을 진행합니다.

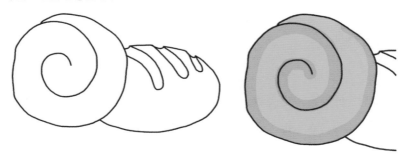

3 몇 가지 색상과 굵기로 어두운 부분을 표현한 후 [페인트 브러시]를 이용해 밝은 부분을 표현합니다.

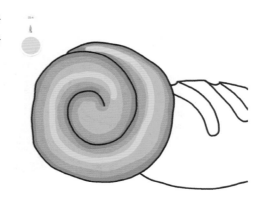

TIP

선택 영역을 지정한 후 채색하면 편리합니다. 이때 마술봉 기능을 이용해 영역을 선택할 때 기본 옵션보다 + 표시가 있는 추가 옵션을 이용하면 여러 영역을 추가로 선택할 수 있어 편리합니다.

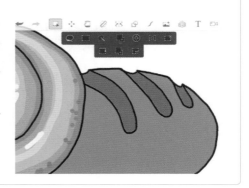

4 나머지 빵도 몇 가지 색상과 굵기로 어두운 부분을 표현합니다.

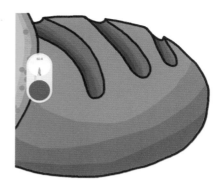

5 브러시 라이브러리를 열고 [모양] 브러시 세트에서 [드롭]을 이용해 빵에 있는 파우더를 표현합니다.

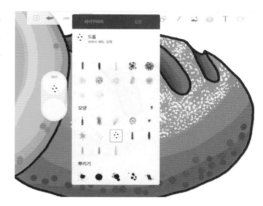

6 마지막으로 그림자를 추가하면 빵이 완성됩니다.

자동차 열쇠

하트 모양의 장식이 달린 스마트 자동차 열쇠를 그려 보겠습니다. 기본 스마트 열쇠만 그리면 너무 쉬우니, 열쇠를 펼치고 그립니다. 검은색 몸통에 흰색 버튼 그림이 눈에 쏙 들어옵니다.

-˘완성 작품˘-

1 새로운 스케치를 시작한 후 형태를 간략하게 표현합니다.

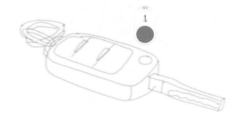

2 새로운 레이어에 펜 선을 완성합니다. 하트 모양의 장식이 조금 어렵게 느껴질 수 있지만 천천히 그려 보세요.

3 펜 선을 복제한 후 채우기 기능으로 넓은 영역을 간단하게 채워 줍니다. 플라스틱 부분은 검은색보다는 어두운 회색이 좋습니다.

4 밝은 부분은 [페인트 브러시], 어두운 부분은 [펠트펜(마커펜)]으로 표현합니다. 특히 열쇠를 펼치는 둥근 금속 표현을 잘 살펴보세요.

5 밝은 회색, 어두운 회색, 흰색을 이용해
하트 모양의 장식까지 채색합니다.

6 흰색 버튼 아이콘을 표현하기 위해 밑그림 레이어를 위로 옮긴 후 채색 레이어에서
흰색으로 아이콘을 그립니다.

7 마지막 순서로 자동차 열쇠 모양을 따라 그림자를 표현하여 완성합니다.

소파

앉으면 피곤함이 스르륵 사라질 것 같은 편안한 소파를 그려 보겠습니다. 줄무늬 쿠션이 놓여 있는 푹신한 1인용 소파입니다.

완성 작품

1 새로운 스케치를 시작한 후 형태를 간략하게 표현합니다.

2 새로운 레이어에 만들고 펜 선을 그립니다. 편한 채색과 변형을 위해 쿠션은 또 다른 레이어에 그립니다.

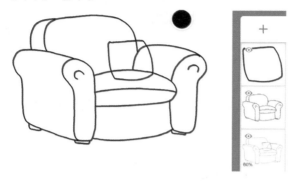

3 채우기 기능으로 채색을 시작합니다.

4 밝기를 3~4단계로 바꿔서 어두운 부분을 칠하면 입체감을 표현할 수 있습니다.

5 쿠션 레이어를 선택한 후 여러 단계의 밝은 회색으로 채색합니다. 마술봉 기능을 이용해 쿠션 내부를 선택한 후 브러시로 드래그하면 쉽게 채색할 수 있습니다.

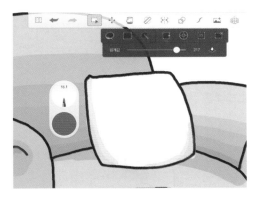

6 굵은 선으로 무늬까지 그려 쿠션을 완성합니다. 소파 펜 선 레이어를 선택한 후 그림자를 추가하면 완성됩니다.

오리배

푸른 호수 위에 둥둥 떠 있는 노란 오리배를 그려 보겠습니다.

-§완성 작품§-

1 새로운 스케치를 시작한 후 형태를
간략하게 표현합니다.

2 새로운 레이어에 귀여운 오리배 펜 선을 완성합니다.

3 채우기 기능을 이용해 기본 채색을 한 후 어두운 부분과 밝은 부분을 표현합니다.

4 물을 표현하기 위해 채색 레이어 아래에 레이어를 추가한 후 전체를 파란색으로 채워 줍니다. 다시 채색 레이어에서 그림자를 표현하여 완성합니다.

파란 물과 노란색이 잘 어울리는 귀여운 오리배가 완성되었습니다. 페달을 열심히 돌리면 앞으로 막 나아갈 것 같아요.

양말

화려한 지팡이 무늬가 있는 양말을 그려 보겠습니다. 여러 개의 반복되는 무늬는
복사(잘라내기) – 붙여넣기 기능을 이용하여 편리하게 표현할 수 있습니다.

-\<완성 작품\>-

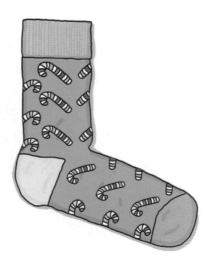

1 새로운 스케치를 시작한 후 형태를 간략하게
표현합니다.

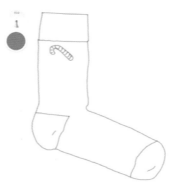

2 새로운 레이어에 양말을 펜 선으로 그려 줍니다.

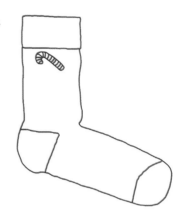

3 지팡이 무늬만 새로운 레이어로 옮기겠습니다. 상단 도구막대에서 선택 기능을 이용해서 지팡이만 선택합니다. 그런 다음 도면층 편집기에서 레이어 메뉴를 열고 **[잘라내기]**를 선택합니다.

TIP PC 버전에서는 잘라내기(Ctrl+X), 붙여넣기(Ctrl+V), 복사(Ctrl+C) 단축키를 이용하세요.

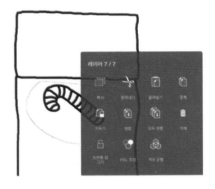

4 새로운 레이어를 만들고, 이번에는 레이어 메뉴에서 **[붙여넣기]**를 선택합니다. 앞서 잘라낸 지팡이 무늬만 새로운 레이어로 옮겨졌습니다.

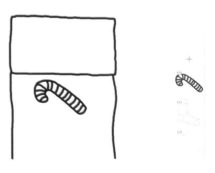

5 이제 양말 레이어를 선택하고 채우기로 채색을 시작합니다. 어두운 부분은 [펠트펜(마커펜)]으로 표현합니다.

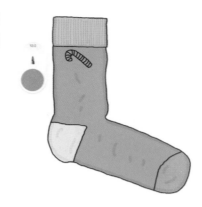

6 지팡이 무늬 레이어도 채색을 완료합니다.

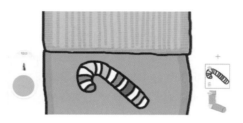

7 지팡이 무늬를 선택한 후 레이어 메뉴에서 [복사]한 후 [붙여넣기]합니다. 붙여넣기한 후 클릭한 채 드래그하면 위치를 옮길 수 있습니다. 계속해서 도구막대에서 반전 기능을 활용해 다양한 형태로 배치합니다.

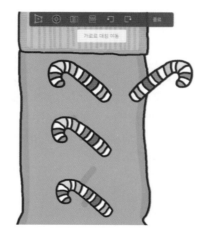

8 선택 도구를 이용해 지팡이 무늬의 일부분만 복사해서 사용해도 좋으며, 양말 밖으로 벗어난 부분은 [각진 지우개]를 이용해 지워 주세요.

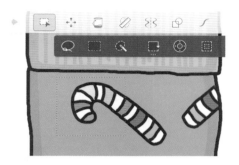

9 끝으로 그림자를 추가하여 완성합니다. 양말과 지팡이 무늬의 레이어는 아래와 같으며, 이번에는 채색 레이어 아래쪽에 별도의 레이어를 만들어 그림자를 표현해 봤습니다.

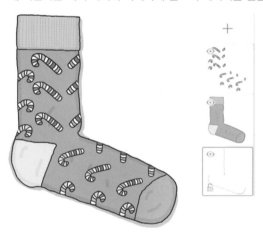

라면

많은 사람이 즐겨 먹는 라면을 그려 보겠습니다. 부드러운 에어 브러시로 포장의
빛나는 부분을 표현하면 효과적입니다.

-〉완성 작품〈-

1 새로운 스케치를 시작한 후 형태를 간략하게 표현
합니다.

2 새로운 레이어에 펜 선을 완성합니다.

3 채우기 기능으로 채색을 시작합니다. 다소 심심해 보이더라도 실망하지 마세요. 곧 멋지게 변신할 것입니다.

4 밑그림 레이어를 제일 위쪽에 배치합니다. 다시 채색 레이어를 선택한 후 밑그림을 따라 배경의 채소를 그립니다.

5 흰색 글자는 [페인트 브러시]를, 라면 그림은 [펠트펜(마커펜)]을 이용해 표현합니다.

6 브러시 라이브러리에서 [일반] 세트에 있는 [부드러운 에어브러시]를 선택하여 흰색으로 포장지의 빛나는 부분을 표현합니다.

7 마지막으로 아래쪽에 그림자를 추가하여 완성합니다.

머그잔

조개 모양의 뚜껑과 별 모양의 숟가락이 있는 머그잔을 그려 보겠습니다.

1 새로운 스케치를 시작한 후 형태를 간략하
게 표현합니다.

2 새로운 레이어에 머그잔 펜 선을 완성합니다.

3 채우기 기능으로 채색을 시작한 후 밝은 부분과 어두운 부분의 명암을 표현합니다.

4 마지막으로 바닥에 그림자를 추가하면 완성됩니다.

선인장

분홍색 꽃이 핀 작은 선인장을 그려 보겠습니다.

-⟩완성 작품⟨-

1 새로운 스케치를 시작한 후 선인장의 형태를 간단하게 표현
합니다.

2 새로운 레이어에 선인장의 펜 선을 완성합니다.

3 채우기 기능으로 간단하게 채색을 합니다. 선인장 몸통 부분은
초록색의 농도를 달리하여 표현하면 좋습니다.

4 선인장 꽃과 화분에도 명암을 표현합니다.

TIP 명암 표현 시 마술봉 도구를 이용하여 선택 영역을 지정한 후 채색하면 편리합니다.

5 날카로운 선인장의 가시를 표현하기 위해 브러시의 압력(필압)을 활용해 보겠습니다. [페인트 브러시]를 선택한 후 브러시 특성 창에서 낮은 압력에서의 크기는 0.1, 높은 압력에서의 크기는 4~5 정도로 조정한 후 날카로운 가시를 표현해 보세요. 안에서 밖으로 그리는 것이 쉽습니다.

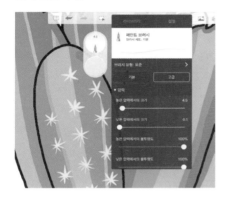

6 바닥에 그림자를 표현하면 완성됩니다.

인터넷 검색으로 다양한 선인장의 모습을 찾아서 그려 보세요.

우쿨렐레

통통 튀는 예쁜 소리가 나는 우쿨렐레를 그려 보겠습니다. 4개의 가는 선은 기타
와 구분하는 특징으로 매우 쉽게 그릴 수 있습니다.

-완성 작품-

1 새로운 스케치를 시작한 후 우쿨렐레의 형태를 간략하게
표현합니다.

2 새로운 레이어에 우쿨렐레의 펜 선을 완성합니다.

3 채우기 기능으로 간단하게 채색을 시작한 후 부위별로 그림자를 추가합니다.

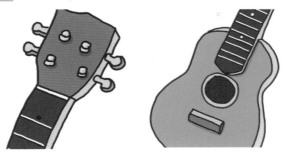

4 4개의 가는 줄은 상단 도구막대에서 그리기 스타일 아이콘을 누른 후 [선]을 선택해서 클릭&드래그 방법으로 쉽게 그릴 수 있습니다.

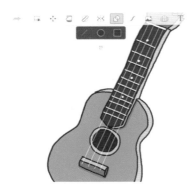

5 몸통의 나무 무늬를 자연스럽게 표현하기 위해 필압을 사용합니다. [펠트펜(마커펜)]을 선택한 후 브러시 특성 창에서 압력에 따른 브러시 크기를 설정합니다.

6 압력을 달리하면서 자연스럽게 무늬를 그립니다.

7 몸통과 헤드의 밝은 부분을 표현한 후 그림자를 표현하여 완성합니다. 그림자는 2~3가지 다른 회색으로 표현했습니다.

시계

벌써 40일이 지났습니다. 이제 스케치북은 눈 감고도 사용할 수 있는 실력이 되셨나요? 이제부터는 더욱 빠르게 그림만 보고도 따라 그릴 수 있을 겁니다. 귀여운 새가 시간을 알려 주는 뻐꾸기 시계를 그려 보겠습니다.

-완성 작품-

밑그림

펜 선 그리기

펜 선 완성

채색 시작

선택 영역 지정한 후 밝은 부분 표현

[텍스처] 세트 [해칭 1] 브러시 선택

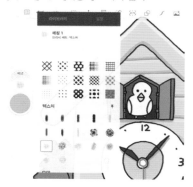

나무 질감 표현

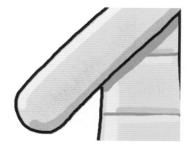

나무와 새 음영 및 시계 바늘, 전체 그림자 추가

042일

파티 플래그

생일 파티에서 자주 볼 수 있는 파티 플래그를 그려 보겠습니다. 디지털 드로잉의 장점인 복사 기능을 활용하면 좀 더 쉽게 그릴 수 있습니다.

-완성 작품-

밑그림

펜 선으로 깃발 그린 후 선택

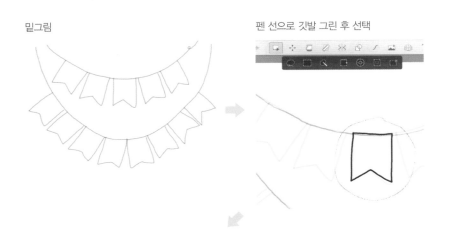

깃발을 잇는 선과 깃발 배열을 서로 다른 레이어에 그리면 채색이나 변형 작업이 좀 더 수월합니다.

복사 – 붙여넣기로 깃발 펜 선 완성

채색 시작

선택 영역 지정 후 무늬 그리기

다양한 무늬 완성

새 레이어에 글자 입력

글자 레이어 복제 후 레이어 메뉴에서
[HSB 조정] 선택

복제된 레이어 색상 조절 및 위치 조정하여
그림자 표현

완성한 도면층

TIP

HSL은 Hue(색상), Saturation(채도), Luminaance(밝기)의 약자입니다. PC 버전에서는 상
단 메뉴에서 [이미지 – 조정] 메뉴를 선택하세요. 위 실습에서는 글자 레이어를 복제하여
HSL 기능으로 어둡게 보정한 후 오른쪽 아래로 살짝 위치를 옮겼습니다. 이렇게 조정하면
원본 글자 레이어의 그림자처럼 표현할 수 있습니다.

폴라로이드

지금은 스마트폰이나 디지털 카메라가 있어 사진을 찍어 결과를 바로 확인할 수 있지만, 필름 카메라를 사용하던 시절에는 결과를 바로 확인하려면 폴라로이드 카메라를 이용했습니다.

-완성 작품-

밑그림

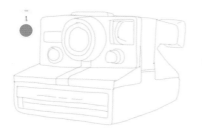

펜 선 그리기

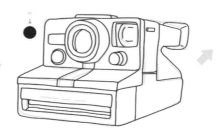

펜 선 완성

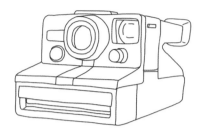

채색 시작

렌즈 표현. 푸른 계열 채색 후 [부드러운 에어브러시] 활용

흰색 글자 입력

여러분도 추억의 소품이 있다면 꺼내서 그려 보세요.

퍼즐 게임

온 가족이 함께 즐길 수 있는 빨간 모자 퍼즐 게임을 그려 보겠습니다. 늑대를 피해 집으로 들어가는 간단한 규칙이지만 정말 재미있습니다.

-˜완성 작품˜-

밑그림

펜 선 그리기

펜 선 완성

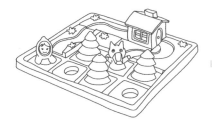

채색 시작

어두운 부분 표현

밝은 부분 표현

그림자 추가

책상 조명

책상을 밝게 비춰 주는 조명을 그려 보겠습니다. 디지털 드로잉의 장점은 빛을 매우 간단하게 표현할 수 있다는 것이죠.

-완성 작품-

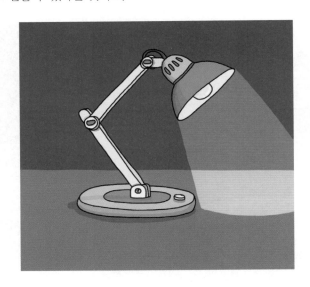

밑그림

펜 선 완성

레이어 복제 후 채색

어두운 부분 표현

새 레이어에 책상과 벽 표현

새로운 레이어에 노란색 조명 표현

레이어 메뉴에서 [혼합 – 오버레이] 설정

전체 레이어 모습

TIP PC 버전에서는 도
면층 편집기 상단에 있는
[일반]을 눌러서 혼합 모드
를 변경합니다.

마지막으로 그림자를 추가해 조명을 완성해 보세요. 오버레이 혼합 모드를 이용
한 빛의 표현이 정말 근사합니다.

우체통

PC, 인터넷, 스마트폰의 대중화로 편지를 쓸 일이 많지 않지만, 여전히 우체통은 우리 주변에서 찾아볼 수 있습니다. 외국의 어느 골목길에 걸린 노란 우체통을 그려 보겠습니다. 벽돌담은 실제 사진을 이용하겠습니다.

-완성 작품-

밑그림

펜 선 그리기

펜 선 완성

노란색과 짙은 회색으로 채색

어두운 부분 표현

각각 새로운 레이어에 배경 이미지와 그림자 추가

TIP

배경 이미지는 인터넷 검색 등으로 쉽게 찾을 수 있습니다. 배경 이미지를 구했으면 모바일
버전은 상단 도구막대에서, PC 버전은 도면층 레이어 상단에서 이미지 추가 기능을 사용하
여 배치합니다. 그림자 레이어에서 [혼합 – 선형 번]을 적용하면 매우 사실적인 그림자를 표
현할 수 있습니다.

청소기

편리하게 청소를 도와 주는 무선 진공 청소기를 그려 보겠습니다.

-완성 작품-

밑그림

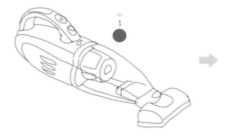

펜 선 그리기

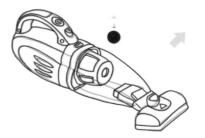

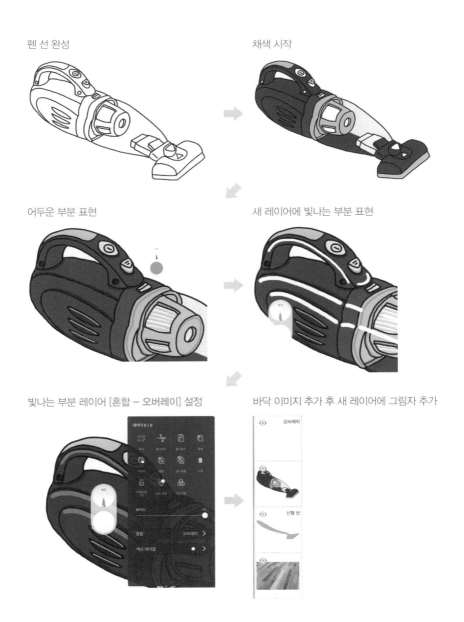

펜 선 완성

채색 시작

어두운 부분 표현

새 레이어에 빛나는 부분 표현

빛나는 부분 레이어 [혼합 – 오버레이] 설정

바닥 이미지 추가 후 새 레이어에 그림자 추가

그림자 레이어의 혼합 모드를 [선형 번]으로 바꾸고, 약간의 먼지와 바람을 표현하면 멋진 작품이 완성됩니다.

레고 슈퍼맨

전 세계 어린이들에게 사랑받는 레고! 레고의 다양한 캐릭터 중에 인기 많은 슈퍼맨을 그려 보겠습니다.

- 완성 작품 -

밑그림

펜 선 그리기

펜 선 완성

채색 시작

얼굴의 밝은 부분과 어두운 부분 표현

몸통의 밝은 부분과 어두운 부분 표현

마지막으로 발 아래에 그림자를 추가하면 완성됩니다. 인터넷 검색으로 다양한
레고 캐릭터 작품을 찾아 완성해 보는 것도 재미있습니다.

견과류

우리 몸에 참 좋은 견과류가 그릇에 소복하게 담긴 모습을 그려 보겠습니다. 각기 다른 다양한 색상과 모양을 가지고 있네요.

-⟨완성 작품⟩-

밑그림

펜 선 그리기

펜 선 완성

채색 시작

어두운 부분 표현

선택 영역 지정 후 세부적인 표현

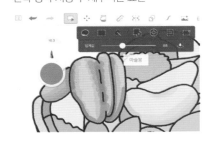

밝은 부분 표현

그릇 아래쪽에 그림자를 추가하면 완성됩니다. 시작하기 전에는 다소 복잡하게
느껴질 수 있지만, 다양한 견과류를 그리는 재미가 쏠쏠한 작품입니다.

물고기

알록달록 아름다운 무늬와 색상의 물고기 세 마리를 그려 보겠습니다.

완성 작품

밑그림

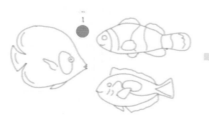

펜 선 그리기

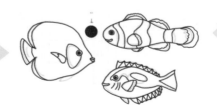

펜 선 완성

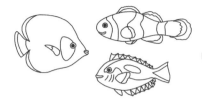

채우기 기능 및 마술봉 도구 활용 채색

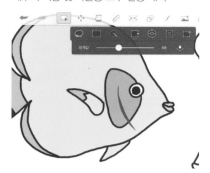

[펠트펜(표준)] 필압 설정

몸통 무늬 표현

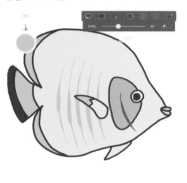

광대 물고기 채색

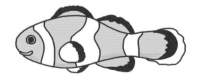

밝은 부분, 비늘 표현

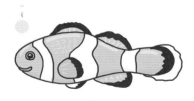

마지막 물고기 채색

밝은 부분, 어두운 부분, 비늘 표현

파란색 배경 레이어 추가

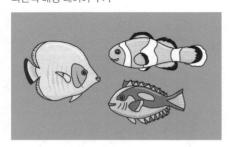

추억의 장난감

어린 시절 자유롭게 그림을 그리던 추억의 장난감을 그려 보겠습니다. 상하좌우로 움직일 때 쓰는 두 개의 손잡이를 돌리며 그림을 그리던 기억이 새록새록 떠오릅니다.

밑그림

펜 선 그리기

펜 선 완성

채색 시작

어두운 부분 표현

밝은 부분 표현

중앙 그림, 글자, 그림자 추가

052일

바나나

먹음직스럽게 보이는 노랑 바바나를 그려 보겠습니다. 단순한 형태이므로 쉽게
그릴 수 있으니 꼭지 부분을 정교하게 표현해 보세요. 100일 프로젝트가 점점 지
쳐갈 때쯤 이렇게 간단한 작품을 그리면서 다시 의욕을 불태워 보세요.

-˹완성 작품˼-

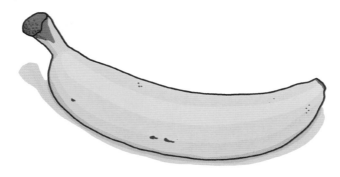

밑그림   펜 선 그리기

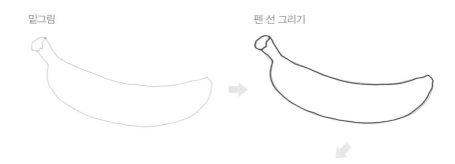

펜 선 완성

채색 시작

TIP 노랑과 연두색이 만나는 부분을 미리 노란 선으로 구분해 놓으면 더욱 쉽게 채색할 수 있습니다.

노란색 밝기를 조정하여 입체감 표현

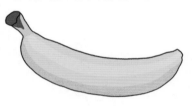

바나나 양쪽 끝 세부 표현

펜 굵기를 조절하여 표면 상처 표현 후 그림자 추가

다용도 칼

여행을 좋아하는 분에게 필수품! 큰 칼, 작은 칼, 가위, 드라이버 등 다양한 기능을 가진 다용도 칼을 그려 보겠습니다.

-완성 작품-

밑그림   펜 선 그리기

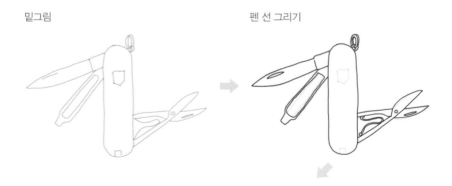

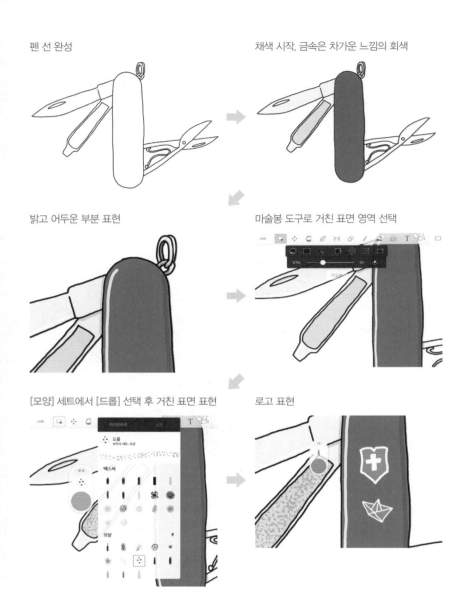

펜 선 완성

채색 시작, 금속은 차가운 느낌의 회색

밝고 어두운 부분 표현

마술봉 도구로 거친 표면 영역 선택

[모양] 세트에서 [드롭] 선택 후 거친 표면 표현

로고 표현

마지막에 새로운 레이어를 만들고 그림자를 추가하면 완성됩니다. 플라스틱, 금속, 매끄러운 표면, 거친 표면 등 다양한 느낌을 잘 표현해 보세요.

간판

시원한 맥주를 생각나게 하는, 거리에서 만난 멋진 간판을 그려 보겠습니다.

-완성 작품-

밑그림

펜 선 그리기

펜 선 완성

채색 시작

밝고 어두운 부분 표현

[하프 톤] 세트 [점 패턴 5] 선택 후 거품 표현

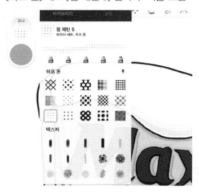

TIP　[하프 톤] 세트는 모바일 버전에서만 사용할 수 있습니다. PC 버전이라면 [모양] 세트의 [드롭] 브러시 등 유사한 브러시를 사용하세요.

라디오

시간이 흘러도 많은 사람들의 사랑을 받는 멋진 라디오를 그려 보겠습니다.

-\완성 작품\-

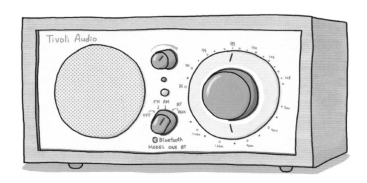

밑그림

펜 선 그리기

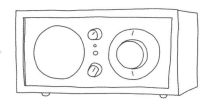

채색 시작

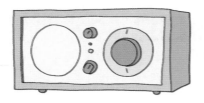

[텍스처] 세트 [해치] 선택 후 나무 질감 표현

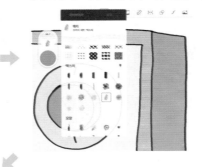

[하프 톤] 세트 [점 패턴 3] 선택

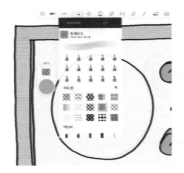

[점 패턴 3] 브러시 크기를 스피커만큼 키운 후 누름

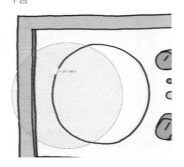

어두운 부분 및 작은 글자 표현

밝게 빛나는 부분 표현

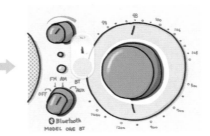

마지막으로 아래쪽에 그림자를 추가하면 멋진 스피커가 완성됩니다. 이번 작품처럼 작은 글자를 표현할 때는 화면을 충분히 확대해서 그리면 좋습니다.

안내판

아파트 단지 내 공원에서 쉽게 볼 수 있는 금연 안내판을 그려 보겠습니다.

-완성 작품-

밑그림

펜 선 그리기

펜 선 완성

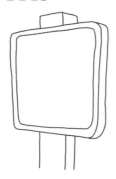

채색 시작

[펠트펜(마커펜)] 필압 설정

필압 활용하여 중앙 나무 질감 표현

[텍스처] 세트 [해치] 선택 후 뒤쪽 나무 질감 표현

밑그림 레이어 확인

밑그림 참고하여 새 레이어에 안내판
내용 표현

안내판 내용 레이어 복제 후 HSL 및 위치(살짝 오른쪽
아래) 조정하여 그림자로 활용

TIP HSL은 Hue(색상), Saturation(채도), Luminance
(밝기)의 약자입니다. 조정 상태가 되면 제일 아래쪽의 슬
라이드를 조정해서 밝기를 어둡게 만들어 줍니다. PC 버전
을 사용 중이라면 상단의 메뉴 막대에서 [이미지 – 조정]을
이용합니다.

도면층 편집기 상태 확인

풀밭 표현

057일

가방

파란색과 노란색으로 화사하게 디자인된 학생용 가방을 그려 보겠습니다.

밑그림

펜 선 그리기

펜 선 완성

채색 시작

어두운 부분 표현

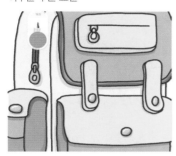

밝은 부분 및 재봉선 표현

새 레이어에 그림자 추가

잠수함

깊은 바다 속 노란색 잠수함을 그려 보겠습니다.

완성 작품

밑그림

펜 선 그리기

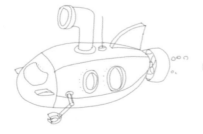

펜 선 완성

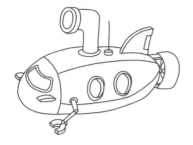

채색 시작

어두운 부분 표현

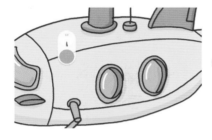

밝은 부분 표현

새 레이어에 파란색 배경 및 물거품 표현

059일 오즈의 마법사 캐릭터

유명한 문학 작품 오즈의 마법사에 등장하는 캐릭터 중 양철 나무꾼과 겁쟁이 사
자를 그려 보겠습니다.

-완성 작품-

밑그림

펜 선 그리기

펜 선 완성

채색 시작

양철 나무꾼 밝고 어두운 부분 표현

복잡한 사자 갈기 채색 위해 마술봉 도구로
선택 영역 지정

밝고 어두운 부분 표현

마지막으로 두 캐릭터 발 아래쪽에 그림자를 추가하면 완성됩니다.

캔 음료

진짜 수박 맛이 나는 시원한 캔 음료를 그려 보겠습니다.

-≶완성 작품≶-

밑그림

펜 선 그리기

펜 선 완성

채색 시작

밑그림 레이어 확인 후 새 레이어에 글자,
수박씨, 물방울 표현

물방울 모양은 선택 – 복사 – 붙여넣기

사실적 표현 위해 끝에 있는 무늬 선택
후 상단 도구막대 [변환 – 왜곡]

채색 레이어에서 밝고 어두운 부분 표현

마지막으로 바닥에 그림자를 추가하면 완성됩니다. 수백 가지가 넘는 다양한 캔
음료를 직접 그려 보세요. 그림 실력이 일취월장하겠죠?

061일 어린 왕자 소설책

프랑스의 비행사이자 작가인 앙투안 드 생텍쥐페리가 1943년 발표한 유명한 어린 왕자 소설책을 그려 보겠습니다.

-완성 작품-

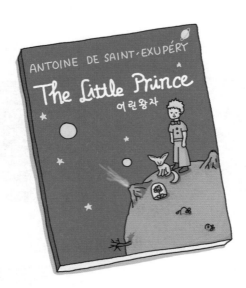

밑그림

펜 선 완성

채색 시작

마술봉 도구로 행성 선택

[텍스처] 세트 [목탄] 선택 후 행성 질감 표현

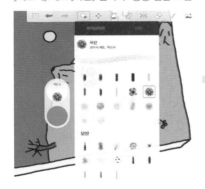

어두운 부분 표현

[부드러운 에어브러시]로 화산 연기 표현

밑그림 확인 후 글자, 그림자 추가

화장품

알록달록 예쁜 색상과 모양의 다양한 화장품을 그려 보겠습니다.

-완성 작품-

밑그림

펜 선 그리기

펜 선 완성

채색 시작

밝고 어두운 부분 표현

글자 표현 및 그림자 추가

킥보드

씽씽 신나게 달릴 수 있는 킥보드를 그려 보겠습니다.

밑그림

펜 선 그리기

펜 선 완성

채색 시작

밝고 어두운 부분 표현

마지막으로 새로운 레이어에 그림자를 추가하면 멋진 킥보드가 완성됩니다. 요즘
은 전동 킥보드가 유행이라죠? 킥보드와 유사한 전동 킥보드도 도전해 보세요.

나무

소설 어린 왕자에 나오는 커다란 바오밥 나무를 그려 보겠습니다.

-=완성 작품=-

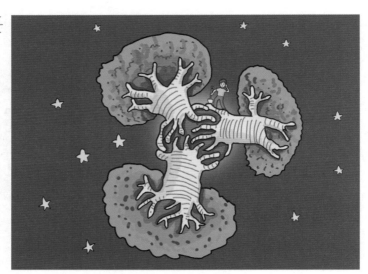

밑그림

펜 선 그리기

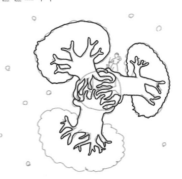

펜 선 완성

채색 시작

마술봉 도구로 채색 영역 선택

굵기와 색상을 바꿔 가며 풍성한 나뭇잎 표현

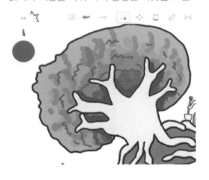

나무 줄기의 어두운 부분 표현

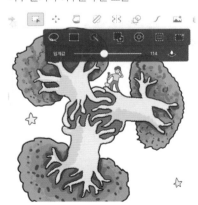

나무 무늬 및 행성의 어두운 부분 표현

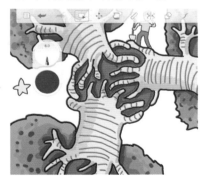

나무 위 사람 표현

새 레이어에 [원형 채우기]로 그라데이션 배경
추가

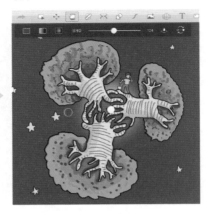

완성된 도면층 편집기 및 바오밥 나무

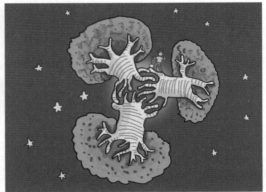

시소

놀이터에서 쉽게 볼 수 있는 시소를 그려 보겠습니다.

-완성 작품-

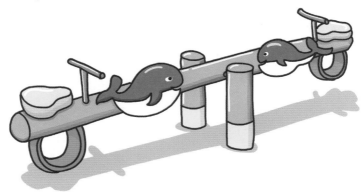

밑그림

펜 선 그리기

펜 선 완성

채색 시작

밝고 어두운 부분 표현

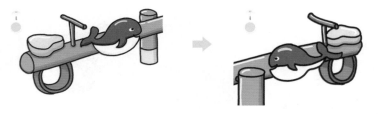

마지막으로 새로운 레이어에 그림자를 추가하면 완성됩니다.

조각 케이크

달콤하고 맛있는 조각 케이크를 그려 보겠습니다. 하나만 그려도 제법 어려운 작품이지만 이제 케이크 두 조각 정도는 쉽게 그릴 수 있죠?

 완성 작품

밑그림

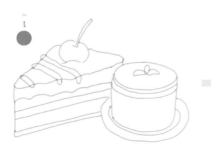

펜 선 그리기

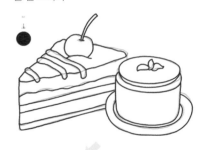

펜 선 완성

채색 시작

[텍스처 필수 사항] 세트 [반점] 선택 후 빵 표현

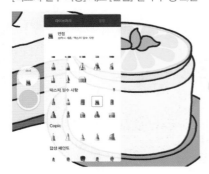

밝고 어두운 부분 표현

밝고 어두운 부분 표현

새 레이어에 그림자 추가

067일

보트

푸른 바다 위를 시원하게 달리는 보트를 그려 보겠습니다. 현재 달리고 있음을 나타내고자 튀는 물방울을 표현했습니다.

밑그림

펜 선 그리기

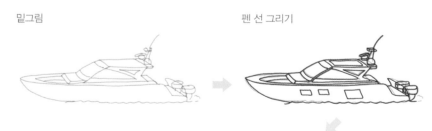

펜 선 완성

채색 시작

밝고 어두운 부분 표현

[모양] 세트 [드롭] 선택한 후 물방울 표현

그림자 추가

펭귄

빙산 위에 함께 있는 귀여운 펭귄 부자를 그려 보겠습니다.

-완성 작품-

밑그림

펜 선 그리기

펜 선 완성

채색 시작

밝고 어두운 부분 표현

새 레이어에 바다 표현

완성한 도면층 편집기

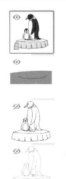

069일

햄버거

신선한 야채와 고급 재료를 사용한 맛있는 햄버거를 그려 보겠습니다.

밑그림

펜 선 그리기

펜 선 완성

채색 시작

[부드러운 에어브러시]로 윗면의 밝고 어두운
부분 표현

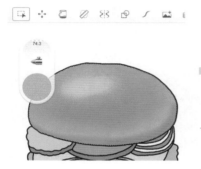

[모양] 세트 [드롭] 선택 후 빵과 고기 질감 표현

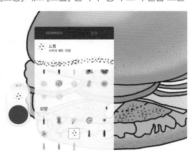

[펠트펜(마커펜)]으로 어두운 부분, [페인트 브
러시]로 밝은 부분 표현

새 레이어에 깨 그리기

마지막으로 그림자를 추가하면 맛있는 햄버거가 완성됩니다. 햄버거와 유사한
샌드위치도 그려 보세요.

손잡이

매일 사용하지만 특별히 자세히 본 적이 없는 물건 중 하나인 문의 손잡이를 그려 보겠습니다.

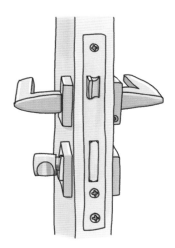

밑그림

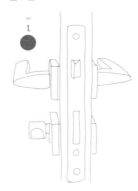

펜 선 그리기

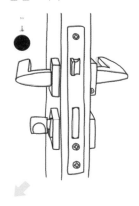

펜 선 완성

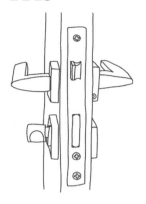

채색 시작

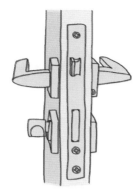

밝고 어두운 부분 표현

[텍스처] 세트 [브러시 5] 선택

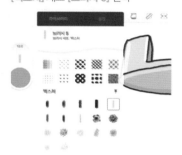

금속 부분 선택 지정 후 질감 표현

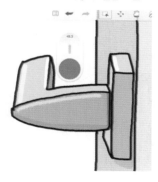

[텍스처] 세트 [해칭 1] 브러시로 나무 질감 표현

샐러드

신선한 채소가 가득 담긴 먹음직한 샐러드를 그려 보겠습니다.

-완성 작품-

밑그림

펜 선 그리기

펜 선 완성

채색 시작

어두운 부분 표현

새로운 레이어에 회색으로 채소 그림자 추가
후 불투명도: 50~60%, 혼합: 선형 번

밝은 부분 표현 및 전체 그림자 추가

072일

유모차

일반 유모차는 유아들을 위한 이동 수단이지만, 강아지용 유모차는 나이가 많은 개를 위한 이동 수단입니다. 사랑하는 저희 강아지를 위한 유모차를 그려 보겠습니다.

밑그림

펜 선 그리기

펜 선 완성

채색 시작

밝고 어두운 부분 표현

그림자 추가

073일

자동차

영화에 등장할 것 같은 멋진 푸른색 자동차를 그려 보겠습니다.

-완성 작품-

밑그림

펜 선 그리기

펜 선 완성

채색 시작

밝고 어두운 부분 표현

33수1234

반짝 빛나는 부분 표현

새 레이어를 만들어 아래쪽에 자동차 그림자를 추가하면 완성됩니다. 여러분의
드림카를 그려 보세요. 구매할 수 없지만, 그림을 그리면서 대리 만족하는 기분도
상당히 좋습니다.

제설차

눈이 많이 내린 날 도로 위의 눈을 치워 주는 고마운 제설차를 그려 보겠습니다.

밑그림

펜 선 그리기

펜 선 완성

채색 시작

어두운 부분 표현

빛나는 부분 표현

그림자 추가

075일

운동기구

거실에 자리 잡은 X자 모양의 자전거 운동기구를 그려 보겠습니다.

-≷완성 작품≷-

밑그림

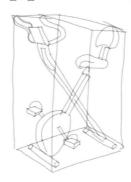

펜 선 그리기

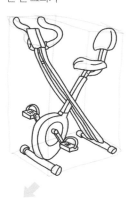

펜 선 완성

채색 시작

어두운 부분 표현

반짝이는 부분 표현

마지막으로 새로운 레이어에 그림자를 추가하면 완성됩니다. 이제 여러분이 좋아
하는 운동기구를 그려 보세요. 아령, 역기처럼 간단한 것도 좋습니다.

세면대

매일 사용하는 세면대를 그려 보겠습니다.

밑그림

펜 선 그리기

펜 선 완성

채색 시작

어두운 부분 표현

밝은 부분 표현

마술봉 도구로 세대면 상단 파란색 부분 선택

[페인트 브러시]로 타일 표현

077일 비행기 날개와 하늘

비행기 창 밖으로 보이는 흰색 구름이 펼쳐진 푸른 하늘을 그려 보겠습니다.

-완성 작품-

밑그림

펜 선 그리기

채색 및 밝고 어두운 부분 표현

새 레이어에 [선형 채우기]로 그러데이션 하늘 표현

밑그림 참고하여 새 레이어에 [페인트 브러시]로 구름 표현

[스머지] 세트 [스머지 부드러운 납작한 브러시]로 구름 테두리 드래그

[부드러운 에어브러시]로 구름의 덩어리감 표현

날개에 글자 표현

생각보다 간단하게 멋진 하늘과 구름이 완성되었습니다. 이번 작품의 완성도는 얼마나 사실감 있게 구름과 하늘을 표현하느지에 따라 결정됩니다.

원앙새

원앙은 오리과에 속하는 물새로, 번식기가 되면 수컷에게 아름다운 깃이 생긴답니다. 화려한 수컷 원앙을 그려 보겠습니다.

-완성 작품-

밑그림

펜 선 그리기

펜 선 완성

각 채색 영역의 경계를
해당 색상 [펠트펜(마커펜)]으로 구분

기본 채색 완료

[페인트 브러시] 필압 설정

필압 활용하여 다양한 깃털 표현 및 그림자 추가

필압 활용하여 다양한 깃털 표현 및 그림자 추가

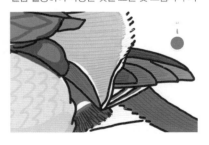

079일

반려동물

디지털 드로잉의 가장 강력한 기능 중 한 가지인 트레이싱 기능을 이용해 반려동물을 그려 보겠습니다. 주인공은 바로 제가 사랑하는 사모예드 미호입니다.

-완성 작품-

새 레이어에 [이미지 가져오기] 실행 후 불투명도 50%로 설정

펜 선 그리기

화면 확대 후 얼굴 표현

기본 펜 선 및 채색 완료

배경 레이어 색상 변경

새 레이어에 얼굴 형태 흰색으로 채색

완성한 도면층 편집기

배경 레이어 숨긴 후 작품만 확인 상태

이제 여러분이 좋아하는 반려동물 사진을 이용해 작품을 완성해 보세요. 사진을 아래에 깔고 그리는 트레이싱 기법은 누구나 그럴듯한 작품을 완성할 수 있는 손쉬운 방법입니다.

자화상

그림을 그리는 사람이라면 누구나 한번쯤 도전해 보고 싶은 작품이 바로 자화상입니다. 그런데 사람 얼굴은 상당히 까다롭게 느껴지는 소재입니다. 하지만 사진을 이용한 트레이싱 기법을 이용하면 초보자도 멋지게 자화상을 그릴 수 있습니다.

-완성 작품-

[이미지 가져오기]로 사진 배치 후 불투명도 50%

새 레이어에 펜 선 그리기

펜 선 완성

채색 시작

TIP 머리카락처럼 선이 끊어진 부분은 먼저 [펠트펜(마커펜)]으로 영역을 닫은 다음 채우기 기능을 이용합니다.

눈동자, 입술, 코 등 어두운 부분 표현

콧등, 안경의 밝은 부분 표현

이제 자신의 사진을 이용해 자화상 그리기에 도전해 보세요. 얼굴이 크게 나온 사진일수록 좋습니다. 마음에 드는 자화상을 완성했다면 친구, 가족, 동료에게 선물해 주세요.

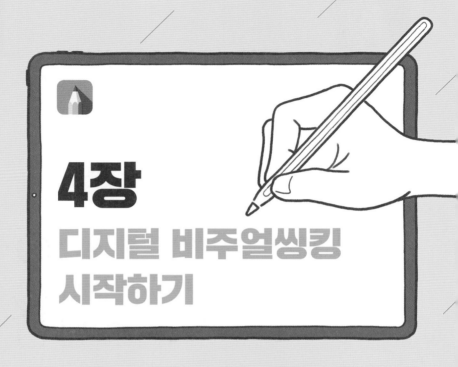

4장
디지털 비주얼씽킹 시작하기

일반적으로 필기를 할 때 목록형으로 텍스트만 작성합니다. 이에 반해 비주얼씽킹은 약간의 그림과 정보의 구조를 가진 필기라고 보면 좋겠습니다. 이제 남은 20일은 디지털 비주얼씽킹으로 채워 보겠습니다. 디지털 드로잉을 단순 취미가 아닌 업무에도 활용할 수 있는, 초보에서 중급으로 넘어가는 단계로 멋진 결과물에 스스로 놀랄 수 있습니다.

비주얼씽킹이란?

비주얼씽킹이라는 단어가 다소 생소하게 느껴질 수 있지만, 쉽게 말하면 간단한 그림과 글을 함께 이용해 정보를 정리, 요약, 전달하는 기술입니다. 외국에서는 종종 Sketch Note, Graphic Summary라는 용어도 사용하는데 모두 비슷한 의미입니다.

▲ 비주얼씽킹의 정의

비주얼씽킹과 그림

비주얼씽킹에서 그림을 표현할 때는 매우 빠르고 간단하게 그려야 합니다. 불필요한 정보를 과감하게 생략하고 사물, 개념의 핵심을 표현하는 것이 좋습니다. 간략한 몇 가지 정보 단위가 모여 좀 더 복잡하고 의미 있는 정보를 구성하게 됩니다.

아날로그와 디지털

아날로그 비주얼씽킹은 대부분의 사람에게 익숙한 종이와 펜을 사용하는 것이 일반적이었습니다. 이 방법의 장점은 저렴한 비용으로, 어디에서나 마음만 먹으면 빠르게 시작할 수 있다는 것입니다. 그러나 종이와 펜의 특성상 편집과 수정이 힘들고 결과물을 공유하려면 촬영이나 스캔 등 번거로운 과정이 필요합니다.

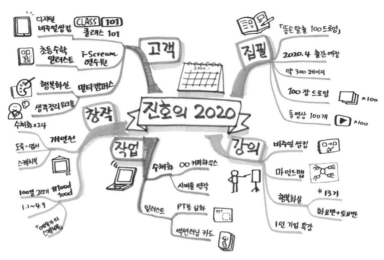

▲ 아날로그 방식을 활용한 비주얼씽킹(2020 새해 마인드맵)

반면, 디지털 비주얼씽킹은 PC, 태블릿, 모바일 기기 등 디지털 기기를 이용해 작업하는 방식으로 편집, 수정, 공유가 매우 편하며 작업 과정을 동영상으로도 제작할 수 있다는 장점이 있습니다. 그러나 자신의 장비에 익숙해지기까지의 노력이 필요하며, 종이와 펜에 비해 많은 비용을 필요로 합니다.

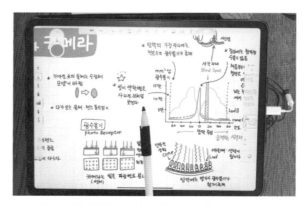

▲ 디지털 드로잉을 활용한 비주얼씽킹(눈과 카메라)

비주얼씽킹의 장점

어느 도구를 사용하든 비주얼씽킹을 이용하면 단순히 텍스트로 정리한 것에 비해 많은 장점이 있습니다. 비주얼씽킹의 장점을 간단한 비주얼씽킹으로 정리해 보았습니다.

▲ 비주얼씽킹의 장점

결론적으로 비주얼씽킹은 대부분의 현대인에게 필요한 매우 유용한 스킬입니다. 이미 다양한 디지털 드로잉을 연습한 여러분은 이제 매우 쉽게 디지털 비주얼씽킹을 익힐 수 있을 것입니다. 먼저 다양한 사례를 살펴본 후 남은 20일은 업무와 일상에 도움이 되는 비주얼씽킹을 완성해 보세요.

다양한 디지털 비주얼씽킹 사례

- **강의 요약:** 김민섭 작가님의 강의를 듣고 현장에서 요약한 결과물입니다. 채색에 시간이 걸리기 때문에 현장에서는 펜으로만 정리하고 채색 작업은 나중에 했습니다.

- **교과서 정리:** 초등학교 과학 교과서에 나오는 '그림자와 거울' 단원을 정리한 비주얼씽킹입니다. 이렇게 교과 과정을 마인드맵 구조로 요약하면 한눈에 쉽게 파악할 수 있어 학습 효과를 높일 수 있습니다.

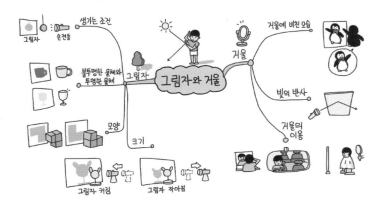

- **동영상 정리:** 유튜브 동영상을 보고 그 내용을 한장으로 정리한 것입니다. 동영상의 길이는 5분 내외지만 비주얼씽킹으로 정리할 때는 훨씬 많은 시간이 필요합니다. 하지만, 한번 정리해 놓으면 이후 더욱 쉽고 빠르게 내용을 파악할 수 있습니다.

앞서의 사례 이외에도 다음과 같이 비주얼씽킹을 유튜브에 모아 놓았으니 참고하면 도움이 될 것입니다.

▲ 유튜브 비주얼씽킹 모음(http://bit.ly/36FJWKx)

디지털 비주얼씽킹을 위한 기본 표현 연습

이제 비주얼씽킹이 무엇인지, 얼마나 유용한지 알게 되었으니 지난 80일 동안 쌓은 디지털 드로잉 실력으로 20일 간 비주얼씽킹을 연습해 보겠습니다. 우선 비주얼씽킹을 위한 다양한 표현 요소를 그립니다. 그림이 작다면 http://bit. ly/100result에 접속하여 큰 그림으로 확인할 수 있습니다.

081일 기본도형	082일 말풍선	083일 배너	084일 화살표
085일 행동 표현	086일 감정 표현	087일 주의:경고	088일 음식
089일 가구	090일 날씨	091일 전자 제품	092일 취미
093일 신체	094일 이동 수단	095일 동물	096일 직장 생활

▲ 100일 완성 갤러리 중 일부

TIP 기본적으로 브러시 사용 요령은 지난 80일 동안 사용한 방식과 동일하게 [Copic 중간 넓은 펜촉]으로 밑그림, [펠트펜(표준)]으로 펜 선, [펠트펜(마커펜)]으로 어두운 부분 및 그림자, [페인트 브러시]로 밝은 부분을 표현합니다.

📍 081일 기본도형

비주얼씽킹 기본도형은 이미지를 통해 생각과 정보를 표현하기 위한 가장 작은 단위입니다. 비주얼씽킹 시작 첫 날이므로 기본도형을 빠르고 간단하게 그리는 연습이 필요합니다. 그림을 그린 후 글자는 또박또박 누구나 알아볼 수 있도록 쓰는 것이 좋습니다.

📍 082일 말풍선

말풍선은 이름 그대로 글을 감싸고 있는 풍선 모양의 도형입니다. 주로 만화에서 자주 사용하는데, 사람들은 말풍선에 익숙해져 있으므로 그 안에 글이 적혀 있으면 저절로 시선이 옮겨집니다. 따라서 단순한 메시지라도 말풍선 안에 넣으면 좀 더 눈에 잘 띄어 주목도가 높아집니다.

✏ 083일 배너

배너는 제목을 강조하기 위해 사용합니다. 배너 안쪽에 글자가 들어가면 본능적으로 그 내용에 집중하게 됩니다. 마치 상점의 간판과 비슷한 기능을 합니다. 배너는 비교적 간단하게 그릴 수 있지만, 그 효과는 상당히 좋습니다. 자신만의 스타일을 살린 배너를 능숙하게 그릴 수 있도록 연습하면 좋습니다.

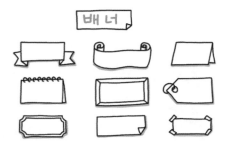

✏ 084일 화살표

화살표는 주변에서 흔하게 볼 수 있지만 매우 특별한 도형입니다. 이 도형을 보는 순간 우리는 자신도 모르게 화살표가 가리키는 방향에 집중하게 됩니다. 화살표는 다양하게 활용할 수 있으므로 자주 사용하는 몇 가지 화살표를 연습하는 것이 좋습니다.

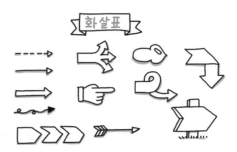

🖊 085일 **행동 표현**

사람은 비주얼씽킹에서 매우 자주 등장하는 요소입니다. 그만큼 다양한 행동과
상태를 나타내는 사람의 모습은 매우 유용합니다. 충분한 연습이 없다면 대부분
졸라맨 스타일로 그립니다. 그러나 그리는 방법을 조금만 바꾸면 충분히 매력적
으로 사람의 모습을 표현할 수 있습니다.

🖊 086일 **감정 표현**

인간은 감정의 동물이라는 말이 있는 것처럼 우리는 다양한 감정을 얼굴 표정으
로 나타낼 수 있습니다. 사람의 얼굴에는 수많은 근육이 있지만 감정을 표현할 때
는 눈썹, 눈, 입의 모양만 변화를 주면 다양한 감정을 표현할 수 있습니다.

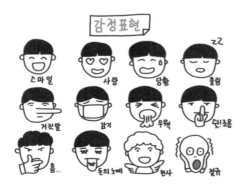

🖋 087일 주의/경고 ━━━━━━━━━━━━━

일상에서 자주 만나는 주의 및 경고 표시는 공공장소나 대형 건물, 전자 제품 상
자 등에서 흔히 볼 수 있습니다. 이러한 표시는 사람들이 빠르고 쉽게 인식할 수
있도록 명확하고 간단하게 표현하는 것이 좋습니다.

TIP 빨간색 표시는 [그리
기 스타일]을 이용하면 편리
합니다.

🖋 088일 음식 ━━━━━━━━━━━━━

음식을 그릴 때는 그 고유한 특징을 살리는 것이 좋습니다. 너무 복잡하지 않게
특징을 잘 살려 즐겨 먹는 다양한 음식을 표현해 보세요. S자 모양으로 온기를 표
현할 수 있습니다.

📏 089일 가구

회사나 집 한 켠에는 항상 적당한 가구가 배치되어 있습니다. 일상생활의 필수품이라고 할 수 있죠. 설명 없이 가구 그림만으로도 어떤 공간을 묘사하는지 파악할 수 있습니다.

📏 090일 날씨

날씨는 우리의 생활과 밀접한 관계가 있으며, 날씨를 표현하는 이미지와 기호는 어린 시절부터 친숙하게 사용해 왔습니다. 날씨를 나타내는 다양한 표현을 연습해 보세요.

🖊 091일 전자 제품

전자 제품 표현은 다소 어렵게 느껴질 수 있습니다. 그러나 80일 드로잉을 끝낸 여러분에게는 쉬운 일이죠? 제품 고유의 특징을 관찰하고 간단하게 표현해 보세요.

🖊 092일 취미

비주얼씽킹으로 취미를 간단하게 표현할 수 있습니다. 사람의 행동을 표현해도 되지만, 취미를 대표하는 물건을 그리면 더욱 확실하겠죠?

🖊 093일 신체

사람의 신체를 표현해 보세요. 신체를 이용하면 정확한 지시 사항 전달, 감정 상태 표현 등이 가능합니다. 눈, 코, 입과 같은 신체 부위는 이미 익숙한 대상이라 비교적 쉽게 표현할 수 있습니다.

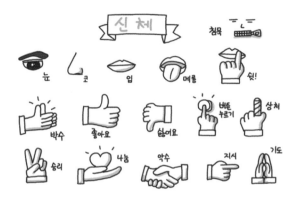

🖊 094일 이동 수단

다양한 이동 수단은 생활과 매우 밀접한 도구입니다. 특히 여러분이 매일 이용하는 이동 수단이라면 더욱 친숙하게 느껴질 거고, 친숙할수록 특징 파악이 용이합니다. 우선 친숙한 대상부터 차례대로 그려 보세요.

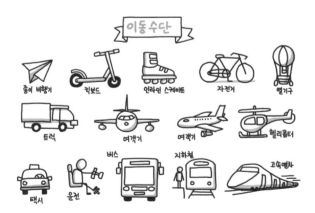

✎ 095일 동물

동물의 몸통까지 표현하려면 많은 시간과 노력이 필요합니다. 비주얼씽킹에서는
적절하지 않겠죠? 각 동물의 고유한 특징을 파악해 12간지 동물을 그려 보세요.
참고로 고양이는 12간지에 포함되지 않습니다.

✎ 096일 직장 생활

대부분의 직장인은 하루 중 가장 많은 시간을 직장에서 보냅니다. 직장에서 벌어
지는 상황을 다양하게 묘사해 보겠습니다. 직접 눈으로 볼 수 있는 사물과 간접적
인 방법을 통해 감정과 상황을 표현할 수 있습니다.

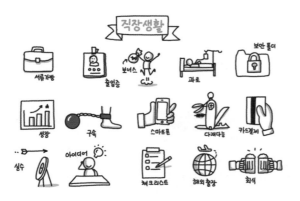

실전 디지털 비주얼씽킹

본격적인 비주얼씽킹을 위한 거의 모든 표현까지 마쳤습니다. 이제 100일이 코앞으로 다가왔네요. 채색까지 포함하여 실전 같은 비주얼씽킹을 완성해 보세요. 다음 4가지 사례만 잘 완성할 수 있다면 여러분은 취미뿐만 아니라 스마트한 인재로 거듭날 수도 있습니다.

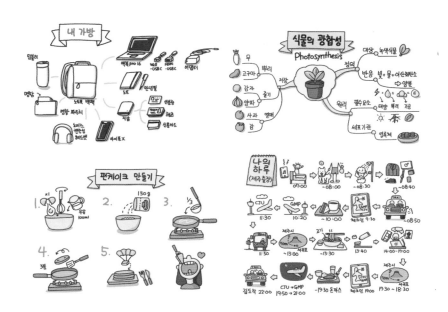

🖊 097일 가방 속 물건

여러분의 가방 속에는 어떤 물건이 들어 있나요? 제 가방 속에는 노트북, 필기구, 지갑, 스마트폰 등 다양한 것이 들어 있습니다. 지금 가방 속의 소지품들을 간단하게 비주얼씽킹으로 표현해 보세요. 직접 보고 그리거나 상상해서 그려도 좋습니다. 종류별로 구분하여 연결선을 표현하는 것이 좋습니다.

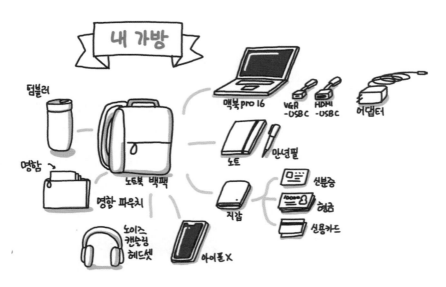

> TIP 실전 디지털 비주얼씽킹을 위한 4단계
>
> 채색까지 진행할 때 기본 과정은 다음과 같습니다.
>
> 1. [Copic 중간 넓은 펜촉]으로 형태 그리기
> 2. 새로운 레이어에 [펠트펜(표준)]으로 펜 선 그리기
> 3. 채우기 기능으로 기본 채색
> 4. [페인트 브러시]로 밝은 부분, [펠트펜(마커펜)]으로 어두운 부분 표현 및 그림자 추가

🖋 098일 식물의 광합성

'식물의 광합성'이라는 주제를 마인드맵 구조로 표현합니다. 마인드맵은 복잡한 정보를 나뭇가지 모양으로 구조화시켜서 표현하는 방법입니다. 식물의 광합성을 마인드맵 구조의 비주얼씽킹으로 표현하면 내용을 한눈에 파악할 수 있습니다.

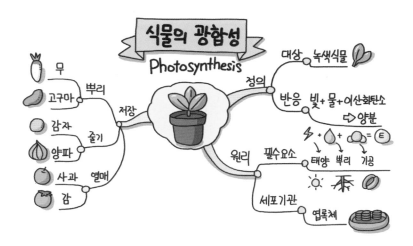

정리 **식물의 광합성(Photosynthesis)**

1. 정의
   - 대상: 녹색식물
   - 반응: 빛, 물, 이산화탄소를 이용해 양분을 만들어 내는 것
2. 원리
   - 필수 요소: 빛(태양) + 물(뿌리) + 이산화탄소(기공)
   - 세포 기관: 잎의 엽록체에서 광합성 진행
3. 저장
   - 뿌리: 무, 고구마
   - 줄기: 감자, 양파
   - 열매: 사과, 감

099일 팬케이크 만들기

이번에는 팬케이크 만드는 방법을 비주얼씽킹으로 표현해 보겠습니다. 요리는 정해진 순서에 따라 작업이 이루어지므로 순서에 맞게 시각화하는 것이 좋습니다.

정리 **팬케이크 만들기**

1. 계란 1개, 우유 100ml를 넓은 그릇에 넣고 잘 저어 줍니다.

2. 핫케이크 가루 1봉지(150g)를 넣고 섞어 줍니다.

3. 반죽의 1/3 정도를 중불에 달군 프라이팬에 올려 놓습니다.

4. 3분 정도 지나고 노릇하게 구워지면 뒤집습니다.

5. 완성된 핫케이크를 접시에 담고 버터를 올려 놓습니다.

6. 맛있게 먹습니다.

🖊 100일 나의 하루

여러분의 하루는 어떻게 흘러가고 있나요? 비주얼씽킹으로 시간의 흐름을 표현해 보세요. 당일치기로 제주 출장을 비주얼씽킹으로 표현해 봤습니다.

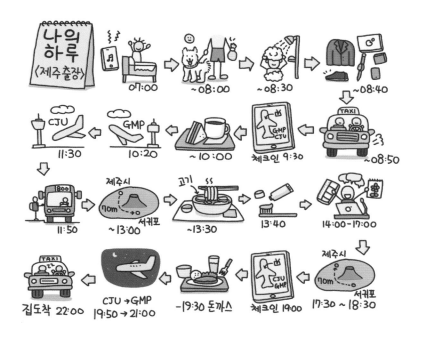

┌ 정리 ┐ 나의 하루 〈제주 출장〉

07:00 기상 → 08:00 산책 → 08:30 샤워 → 08:40 옷 입기 → 08:50 택시 승차 → 09:30 체크인 확인 → 10:00 아침, 샌드위치 + 커피 → 10:20 GMP 이륙 → 11:30 CJU 착륙 → 11:50 800번 버스 승차 → 13:00 공항에서 서귀포 이동 → 13:30 점심 식사, 고기 국수 → 13:40 양치 → 14:00–17:00 강의 → 17:30–18:30 서귀포에서 공항 이동 → 19:00 체크인 → 19:30 돈까스 저녁 식사 → 19:50–21:00 CJU에서 GMP 이동 → 22:00 집 도착

드디어 100장의 디지털 드로잉 작품을 완성하신 여러분 축하드립니다. 그동안 여러분의 실력이 엄청나게 발전했다고 확언하기는 힘들지만 한 가지 확실한 것은 적어도 100일 전의 자신보다는 드로잉 실력이 좋아졌다는 것입니다.

▲ 100 작품 완성 갤러리 http://bit.ly/100result

다시 한번 이야기하자면 디지털 드로잉 실력을 기르는 가장 좋은 방법은 매일매일 꾸준히 조금씩 해 보는 것입니다. 부디 여러분이 원하는 것을 자신만의 스타일로 멋지게 그리는 그 날이 올 때까지 서두르지 마시고 즐기면서 조금씩 발전하기를 응원합니다.

지난 100일의 시간을 되돌아 보며, 저자의 결과와 비교해 볼 수 있는 독자 지원 페이지(http://bit.ly/daydrawing)를 준비했습니다. 앞서 소개한 완성 갤러리뿐만 아니라 도면층이 살아 있는 PSD 파일까지 다운로드할 수 있습니다.

▲ 독자 지원 페이지

TIP 독자 지원 페이지는 [Notion]으로 만든 페이지로 크롬 브라우저를 이용하거나 모바일로 접속해야 원활하게 활용할 수 있습니다.

책에서 발견된 오탈자 정보와 오류를 확인할 수 있는 정오표, 저자의 작업 과정이 담긴 유튜브 영상, 채색이 부담스러울 때 더욱 쉽게 도전해 볼 수 있는 [도전 100일 100 드로잉] 갤러리도 함께 확인할 수 있으니 수시로 방문해 보세요.

▲ 저자 소개와 유튜브 영상

▲ 도전 100일 100 드로잉

진솔한 서평을 올려주세요!

이 책이나 이미 읽은 제이펍의 다른 책이 있다면, 책의 장단점을 잘 보여주는 솔직한 서평을 올려주세요.
매월 다섯 분을 선별하여 원하시는 제이펍 도서 1부씩을 선물해드리겠습니다.

■ **서평 이벤트 참여 방법**
  – 제이펍의 책을 읽고 자신의 블로그나 인터넷 서점에 서평을 올린다.
  – 서평이 작성된 URL을 적어 아래의 계정으로 메일을 보낸다.
   review@jpub.kr

■ **서평 당선자 발표**
  매월 첫 주 제이펍 홈페이지(www.jpub.kr) 및 페이스북(www.facebook.com/jeipub)에
  공지하고 당선된 분에게는 개별 연락을 드리겠습니다.

독자 여러분의 응원과 질타를 통해 더 나은 책을 만들 수 있도록 최선을 다하겠습니다.